D1832340

वराहमिहिर

जल जीवन है

वराहमिहिर

जल जीवन है

पं. ईशनारायण जोशी

संपादन

श्रीराम तिवारी

राजकमल प्रकाशन

ISBN : 978-81-267-0970-0

मूल्य : ₹295

© राजेश जोशी

पहला संस्करण : 2004
दूसरा संस्करण : 2019

प्रकाशक : राजकमल प्रकाशन प्रा. लि.
1-बी, नेताजी सुभाष मार्ग, दरियागंज
नई दिल्ली-110 002

शाखाएँ : अशोक राजपथ, साइंस कॉलेज के सामने, पटना-800 006
पहली मंजिल, दरबारी बिल्डिंग, महात्मा गांधी मार्ग, इलाहाबाद-211 001
36 ए, शेक्सपियर सरणी, कोलकाता-700 017

वेबसाइट : www.rajkamalprakashan.com
ई-मेल : info@rajkamalprakashan.com

मुद्रक : बी.के. ऑफसेट
नवीन शाहदरा, दिल्ली-110 032

WARAHMIHIR : JAL JEEVAN HAI
by Pandit Ishnarayan Joshi

इस पुस्तक के सर्वाधिकार सुरक्षित हैं। प्रकाशक की लिखित अनुमति के बिना इसके किसी भी अंश को, फोटोकॉपी एवं रिकॉर्डिंग सहित इलेक्ट्रॉनिक अथवा मशीनी, किसी भी माध्यम से, अथवा ज्ञान के संग्रहण एवं पुनःप्रयोग की प्रणाली द्वारा, किसी भी रूप में, पुनरुत्पादित अथवा संचारित-प्रसारित नहीं किया जा सकता।

अक्षय निधि....

सांस्कृतिक चेतना के विकास के उद्देश्य से स्वराज संस्थान संचालनालय, भोपाल के द्वारा अक्षयनिधि प्रकाशनमाला के अंतर्गत सभी समय के शीर्ष रचनाकारों और चिन्तकों की कृतियों के सुबोध संस्करण प्रकाशित करने की योजना है।

कालिदास, भर्तृहरि, भास, वराहमिहिर, वररुचि, भवभूति, पतंजलि, भास्कराचार्य, बाणभट्ट, राजशेखर, भोजदेव से लेकर तानसेन, केशव, पद्माकर, ईसुरी, स्वामी प्राणनाथ, स्वामी सेन, संत पीपा, स्वामी धर्मदास, गदाधर भट्ट, हरिदास स्वामी, संत सिंगाजी, चंद्रशेखर आजाद, महात्मा अक्षर अनन्य, माखनलाल चतुर्वेदी, बालकृष्ण शर्मा नवीन, सुभद्राकुमारी चौहान, वियोगी हरि, मुक्तिबोध, नरेश मेहता, पंडित सूर्यनारायण व्यास, डॉ. शिवमंगल सिंह सुमन—ये ऐसे नाम हैं जिन्होंने अपने कृतित्व और प्रखर चिन्तन से हमारे समाज और संस्कृति को उत्कर्ष देने का काम किया है। ये हमारी महानतम अक्षयनिधि हैं। सौभाग्य से इनकी कर्मभूमि मध्यप्रदेश रहा है। निश्चय ही हमारी यह अक्षय निधि ऊपर दी गई सूची तक ही सीमित नहीं है। यह अत्यंत समृद्ध एवं विस्तृत है। किसी राष्ट्र और समाज की स्वराज भावना कितनी प्रबल है यह उसकी सांस्कृतिक गतिविधि और रुचि में प्रकट होती है। अपने-अपने समय में ये जन विशाल बौद्धिक और सामाजिक आन्दोलनों के प्रेरणा-स्रोत और मनुष्य की स्वाधीनता के सजग चिन्तक रहे हैं। इनका महत्व दमन, अज्ञान, अंधविश्वास के विरुद्ध और सामाजिक स्वाधीनता के लिए किये गए संघर्ष में है। इनके कृतित्व का भी गहरे अर्थों में महान राजनीतिक मूल्य है। सांस्कृतिक अनुष्ठानों के बगैर राजनीतिक अभियानों में नैतिक शक्ति आ ही नहीं सकती। इसलिए यह अनुष्ठान हर दौर में जरूरी रहा है। अंगरेज़ी हुकूमत के दौर में और उसके पहले भी, और आज भी इसका महत्व उतना ही है। कई मायने में पहले से ज्यादा।

अक्षय निधि के रूप में हमने जिन कृतियों का चुनाव किया है उनमें से अधिकांश सहज उपलब्ध नहीं हैं। कुछ तो लगभग अप्राप्य हैं। दूसरी बात, पुरानी कृतियों को आधुनिक भाषाओं में लाने और लोकप्रिय स्वरूप देने के प्रयास बहुत कम हुए हैं। अनूदित रूप में अकादेमिक उपयोग की वस्तुएँ ही दिखाई पड़ती हैं। यह सब देखते हुए हमने **अक्षय निधि** के अन्तर्गत महान कृतियों के मूल पाठ के साथ-साथ बोधगम्य भाषान्तरण अथवा पुनर्रचना को बड़े पाठक समुदाय तक पहुँचाने का संकल्प किया है। आधुनिक लेखकों की कृतियों के प्रकाशन में भी हम उनके लोकग्राही स्वरूप पर विशेष ध्यान रखेंगे। आशा है कि हमारा यह

प्रयास वृहत्तर समाज के विकास और सांस्कृतिक जरूरतों को पूरा करने में सहयोगी होगा।

ये महापुरुष अपने-अपने दौर में एक विशाल आंदोलन के केन्द्र रहे हैं। प्रवर्तक रहे हैं। नवजागरण के, मनुष्य की स्वाधीनता के सजग प्रहरी रहे हैं। सभी ने दमन की, अज्ञान की, कुरीतियों की, रूढ़ियों की, अंधविश्वास की सत्ता से समाज को स्वाधीन बनाने का यत्न किया। यह भी ध्यान देने योग्य है कि स्वाधीनता के लिए आंदोलन चलाने के समांतर भारत को स्वाधीनता के योग्य बनाना भी उतना ही महत्वपूर्ण स्वातंत्र्य अनुष्ठान है। और यह अनुष्ठान हमारे यहाँ हर दौर में चलता रहा है, ब्रिटिश हुकूमत के दौर में भी, और उसके पहले भी तथा बाद में भी।

यह **अक्षय निधि** केवल मध्यप्रदेश की ही नहीं बल्कि पूरे देश और समूची मानव जाति की भी अनमोल विरासत है। लेकिन यह खेद की बात है कि हमारे बृहत्तर समाज तक अक्षयनिधि सर्जनकर्ताओं की कृतियाँ सहज उपलब्ध नहीं हो पाई हैं। अलग-अलग स्तरों पर कुछेक प्रयास हुए हैं लेकिन वे समुचित नहीं हैं। **स्वराज संस्थान संचालनालय** में **अक्षय निधि** पुस्तकमाला के माध्यम से महान सर्जकों की महत्वपूर्ण कृतियों को उनके मूल पाठ, भाषान्तर एवं पुनर्रचना के साथ बड़े पाठक समुदाय तक पहुँचाने का संकल्प किया है। पहले क्रम में भर्तृहरि की प्रख्यात शतकत्रयी की पुनर्रचना व **वराहमिहिर** द्वारा भूजल उपयोग पर केन्द्रित कृति जल जीवन है, **भवभूति** की उत्तर रामचरित, **भोजदेव** की समरांगण सूत्रधार एवं महाकवि **कालिदास** की अनन्य कृति को प्रस्तुत कर रहे हैं। आशा है कि हमारी अनमोल अक्षय निधि को हम बृहत्तर समाज को उपलब्ध कराने में समर्थ हो सकेंगे।

श्रीराम तिवारी
संचालक
स्वराज संस्थान संचालनालय

वराहमिहिर

पं. सूर्यनारायण व्यास, ज्योतिषाचार्य

ज्योतिर्विज्ञान के पूर्ववर्ती आचार्यों में वराहमिहिर का स्थान असाधारण-महत्व रखता है। यह महापुरुष मालव महिमण्डल में उत्पन्न होकर केवल ज्योतिर्विदों के समाज में ही नहीं, विश्व के इतिहास और संस्कृति के समाराधकों में भी अपनी ग्रंथ-सम्पत्ति के द्वारा पंचभौतिक शरीर के शत-सहस्राब्दियों के पूर्व त्याग देने के पश्चात् भी यश:शरीर को चिरजीवी बनाये हुए हैं, और अनन्तकाल पर्यन्त बनाये रहेगा।

संस्कृत-साहित्य के पश्चिम-देशीय विद्वान-विवेचक मेकडॉनल्ड ने वराहमिहिर के विषय में यह प्रतिपादन किया है कि वे उज्जैन में उत्पन्न हुए थे, और उन्होंने अपने गणित-शास्त्रीय लेखन का कार्य लगभग 505 ई. सन् में आरम्भ किया था, और वराहमिहिर की विशाल एवं अमर कृति- 'बृहत्संहिता' ग्रंथ के एक टीकाकार का यह कथन है कि आचार्य का निर्वाण 587 ई. सन् में हुआ था। वराहमिहिर ने अपने पूर्ववर्ती जिन आचार्यों का उल्लेख किया है उनमें- "मय-यवन-मणित्य सत्य पूर्वेर्दिवस करादिषु वासरा: प्रदिष्ठा:" मयाचार्य के नाम और यवनाचार्य के उल्लेख से स्पष्ट ज्ञात होता है कि ये दोनों ही वैदेशिक थे। स्वभावत: 'यवनाचार्य' के ज्योतिर्विज्ञान का वराहमिहिर पर बहुत कुछ प्रभाव पड़ा है, उन्होंने अपने 'होरा-शास्त्र' को सर्वथा ग्रीक के निकट सम्पर्क से अपना लिया था और ग्रंथ में उसकी संगति लगाते हुये 'होरेत्यहोरात्र विकल्प मेके' कहकर अपने शब्द-व्युत्पति शास्त्र की विशेषज्ञता का भी प्रमाण उपस्थित कर दिया है। अर्थात्- "कोई होरा इस शब्द को- 'अहरोत्र' का वैकल्पिक (अपभ्रंश) रूप भी कहते हैं।" यही क्यों उन्होंने 'बृहज्जातक' और अन्य पुस्तकों में भी यवनों के प्रेरित-शब्दों को उदारतापूर्वक अपनाया है। उन्होंने अनेक राशिनामों को उसी रूप में वर्णित कर ग्रंथ में उन्हें संस्कृत में गूँथकर अपना लिया है। ग्रीक ग्रह-नामों में यथा अरिस पर्याय में आर (मंगल का नाम), हिलिऑस के बदले हेलि (सूर्य), 'केन्ट्रोन' के स्थान पर 'केन्द्र' और डायोमेट्रोन के स्थान पर 'जामित्र' आदि। भारतीयों ने सर्वदा अपनी सहानुभूतिक भावना के वशीभूत हो, जाति-देश-धर्म सम्प्रदाय की संकुचित भावना से ऊपर रहकर,- 'गुणा: पूजा स्थानं गुणिषु नच लिंग नच वय:' गुण-ग्राहकता का, सहृदयता का परिचय, सद्भावनापूर्वक उनके उल्लेख सहित किया है। इससे ज्यादा और क्या प्रमाण हो सकता है, जब स्वयं वराहमिहिर यह स्वीकार करते हैं कि-

"म्लेच्छाहि यवनास्तेषु सम्यक् शास्त्र मिदं स्थितम्। ऋषिवत्तेऽपि पूयन्ते, कि पुनर्देव विद्विज:।"

'सूर्य-सिद्धान्त'-कर्ता-मयाचार्य भी वराहमिहिर के प्रथम हुये और वे भी बाहरी माने जाते हैं। स्वयं उन्हीं के शब्दों में उन्होंने बतलाया है कि- 'अल्पावशिष्टेतु कृते मय नामा महासुर:।' इससे ज्ञात होता है कि वे 'असुर-संज्ञा' से ज्ञापित थे।❖ इसी प्रकार रोमक-सिद्धान्त आदि भी, अ-भारतीय विद्वानों के निर्मित ग्रंथ हैं।◆ वराहमिहिर ने 'सत्याचार्य' को

अपने से विशेष प्रामाणिक बतलाते हुये- 'सत्यंतु सत्योदितम्', अथवा 'सत्योक्तेग्रह मित्थं' आदि सम्मानपूर्वक सत्यवादी सत्याचार्य कहा है। सत्याचार्य की कोई रचना वैसे संस्कृत में प्रकट रूप से कहीं उपलब्ध नहीं है। केवल एक तमिल श्रीनिवास अय्यर नामक पंडित के पास 'सत्य-संहिता' ग्रंथ की मद्रासी लिपि की ताड़-पत्र पर लिखी प्रति हुई है, उसमें अध्यायों के अन्त में यही लिखा है कि सत्याचार्य की रचित यह संहिता, विक्रमादित्य के समय उज्जैन में निर्मित हुई है। वराहमिहिर 505 ई. सन् के स्वीकार किये जाते हैं तो अवश्य ही ज्ञात होता है कि सत्याचार्य उनसे प्रथम पर्याप्त प्रख्याति रखते थे, और उनकी रचनाओं की सत्यता का वराहमिहिर पर पूरा प्रभाव था। सम्भव है वे प्रथम शताब्दी में होंगे। इतना तो स्पष्ट है कि वे पाँचवीं या छठीं शताब्दी से प्रथम थे, और वह प्रथम -विक्रम-कालीन थे।

वराहमिहिर के प्रख्यात ग्रंथों में 'पंचसिद्धान्तिका' गणित का संग्रह गौरव-ग्रंथ है। इसकी प्रसिद्धि का श्रेय डॉ. थीबो और म.म. सुधाकरजी द्विवेदी को है। परन्तु आचार्य के बृहत्संहिता और बृहज्जातक ग्रंथ की लोकप्रियता सर्वाधिक है। बृहत्संहिता ज्योतिष के संहिता विभाग की महत्वपूर्ण कृति है। इसको प्रमाण स्वरूप इतिहासज्ञ भी सादर उल्लेख करते हैं। लगभग सन् 1864 वर्ष पूर्व 'कॅर्न' ने इसको प्रकाश में रखने का प्रयत्न किया और एशियाटिक-सोसायटी के 'जर्नल' में इसका सम्पूर्ण अनुवाद किया गया। वराहमिहिर के और भी कई ग्रंथ थे, परन्तु वे अप्राप्य हैं। तथापि संहिता ग्रंथ ने उनकी महत्ता को सर्वोपरि स्थान प्रदान कर दिया है। सहस्राधिक आर्याप्रणीत यह संहिता ग्रन्थ वास्तव में अपूर्व एवं नामानुरूप वृहत् ही है। इस ग्रन्थ के एक टीकाकार भट्टोत्पल हो गये हैं, जिन्हें प्रकाश में लाने का श्रेय म.म.स्व. सुधाकरजी द्विवेदी को है। इन 'भट्टोत्पल' ने वराहमिहिर को मगध के शाकद्वीपीय वंशावतंस काम्पिल्य-नगरी वासी होना बतलाया है, परन्तु यह सर्वथा भ्रमपूर्ण है। क्योंकि इनके संबंध में स्पष्ट प्रमाणित है कि ये 'आदित्यदास के पुत्र थे, और 'कापित्थक' नामक अवन्तीदेशीय एक लघु-ग्राम के अधिवासी थे।' आदित्यदास (अपने पिता) से ही इन्होंने पांडित्य प्राप्त किया था, (आदित्यदास तनय स्तदवाप्त बोधः कापित्थकः) इसका प्रमाण 'षट् पंचाशिका' के निर्माता 'पृथुयशस' से स्वयं दिया है, जो आचार्य वराहमिहिर के पुत्र ही थे। भट्टोत्पल ने जिसे 'काम्पिल्य' समझकर वर्तमान कालपी आदि की क्लिष्ट कल्पना कर डाली है, वह वास्तव में 'कापित्थक' शब्द है, और यह 'कापित्थक' वर्तमान कायथा के रूप में उज्जैन के निकट ही मालवे का एक ग्राम है, जो आज भी अस्तित्व रखता है। वराहमिहिर के विषय में इन प्रमाणों के अतिरिक्त कुछ किम्वदन्तियाँ भी विचित्र प्रचलित रही हैं। 14वीं शताब्दी में मेरुतुंग सूरि ने, जो प्रबंध चिन्तामणि ग्रन्थ जैसे जनश्रुतियों के सफल संग्रहकर्त्ता रहे हैं, वराहमिहिर के विषय में यह कथा संग्रहीत की है—

पाटलीपुत्र नगर में वराह नामक एक ब्राह्मण का लड़का था, जो जन्म से शकुन ज्ञान में स-श्रद्ध था। वह एक रोज किसी वन में चला गया। वहाँ सहज ही एक पत्थर पर बैठे-बैठे उसने एक लग्न कुण्डली बना दी, और उसे मिटाना भूलकर वह घर वापिस चला आया। रात को उसे भोजनावसर पर यह स्मरण हुआ कि उस पत्थर पर लग्न वैसे ही बना हुआ रह गया है, तुरन्त निर्भीकता के साथ उस एकान्त जंगल में वह चला गया, जिस पत्थर पर लग्न

बनाया था, क्या देखता है कि उस पर एक सिंह बैठा हुआ है। वह डरा नहीं, पास जाकर सिंह के नीचे से हाथ डालकर पत्थर पर बनाया हुआ वह लग्न मिटा दिया। सहसा सिंह अलोप हो गया, और उस स्थान पर सूर्य उपस्थित हो गये। वराह की निर्भीकता और ज्योतिष के प्रति दृढ़ आस्था देखकर उन्होंने प्रसन्नतापूर्वक वर माँगने को कहा। वराह ने प्रार्थना की कि मुझे समस्त ग्रह-नक्षत्र-मण्डल प्रत्यक्ष दिखला दीजिये, सूर्य अपने साथ ही वराह को आकाश-लोक में लिवा गये, समस्त ज्ञान देकर साल भर के बाद, वराह को पुनः स्थान पर लाकर छोड़ दिया। मिहिर (सूर्य) की कृपा से ज्ञान लाभ हो जाने के कारण वराह के नाम के साथ मिहिर भी जुड़ गया और श्रीनन्द नामक नृपति के आश्रय में वराह मिहिर ने 'वाराही संहिता' का निर्माण किया।●

एक समय की बात है कि वराह मिहिर के घर पुत्रोत्पन्न हुआ था, इसलिए घटिका आदि रखकर उसने पत्रिका द्वारा यह निश्चय किया कि यह बालक पूर्ण शतायु है। उसके आनन्दोत्सव में जनता से लेकर श्रेष्ठ वर्ग तक के लोग तो सभी आये, परन्तु वराहमिहिर का छोटा भाई जैनाचार्य भद्रबाहु नहीं गया। यह चर्चा जिन भक्त शकटाल-नामक मंत्री के आगे उलाहने के रूप में कही गयी। तब भद्रबाहु से इस बात का यह मर्म ज्ञात हुआ कि बालक की आज से 20वें दिन मृत्यु है, यह जानकर भद्रबाहु नहीं गये, यह बात वराहमिहिर को भी ज्ञात हो गई। वह सतर्क रहा। परन्तु 20वें दिन रात में सोते हुये बालक पर दरवाजे की अर्गला (रोकने की 'आगल' लकड़ी) गिर जाने से उसकी मृत्यु हो गयी। वराहमिहिर दुःखित हो समस्त शास्त्र को अग्निसात् करने को समुद्यत हो रहे थे कि भद्रबाहु सांत्वना के लिये जा पहुँचे। अनेक तर्कों से समझाकर उन्हें समाधान दिया। भावी अपरिवर्तनशीलता का विश्वास कर, उसकी प्रतिक्रिया-स्वरूप अभिचार क्रियाओं का उपासक बन गया। फिर एक स्तोत्र द्वारा विघ्न शमन किया गया।

यह दन्तकथा उन आचार्य वराहमिहिर के विषय में है, जो अपनी विशिष्ट रचनाओं को समक्ष रखकर प्रत्यक्ष ऐतिहासिक अस्तित्व को प्रकाश की तरह प्रकट कर रहे हैं। इस दन्तकथा का महत्व, जैन-जनश्रुति परम्परा तक ही सीमित है। इस प्रकार की कथा वराह-मिहिर के विषय में 'ऋषि-मंडल प्रकरणवृत्ति' में भी दी हुई है। मेरुतुंग सूरि ने तो वराह-मिहिर के भाई को ही जैनाचार्य प्रकट किया है। परन्तु उक्त ग्रन्थ में तो वराह-मिहिर को भी जैन धर्म-दीक्षित बतलाया है, और अपने बन्धु भद्रबाहु से 'सूरि' पद न मिलने के कारण वह ब्राह्मण-धर्मी हो गये, अन्त में वराह-मिहिर को भागवती दीक्षा दिलायी गयी है। जब वराह-मिहिर का मरण हो गया, वह जैन-द्वेष्टा बनकर राक्षस रूप में श्रावकों को सताने लगे, इस पर भद्रबाहु ने 'उपसर्ग हर-स्तोत्र' की रचना की। इस कथा में जैन-धर्म की महत्ता की दृष्टि से ब्राह्मणत्व की अवमानना प्रकट हुई है। इस बात की उपेक्षा की जाय, तो भी यह विचारणीय है कि भद्रबाहु और वराह-मिहिर का काल साम्य भी सम्भव है या नहीं? फिर ही वराह-मिहिर के बन्धुत्व का प्रश्न उपस्थित हो सकता है। उपर्युक्त कथा संग्रहों में वराह-मिहिर को पाटलि-पुत्र का अधिवासी प्रकट किया है। प्रथमतः यही भ्रामक बात है। आज तो सन्देह के लिये भी अवसर नहीं है कि वराह-मिहिर कापित्थक (कायथा) ग्रामवासी और उज्जैन मण्डलान्तर्गत ही थे। प्रमाण के लिये उनके पुत्र प्रथुयश स्वयं हैं। स्वयं जैन समय गणना के अनुसार आवश्यक-

सूत्र, कल्प-सूत्र, दशवैकालिक एवं उपसर्ग-हरस्तोत्र का प्रणेता, निर्युक्तियों का निर्माता भद्रबाहु, वीर निर्वाण काल के 170 वर्ष पश्चात् लगभग 76 वर्ष की वय में दिवंगत हुये थे, अर्थात् विक्रम-संवत् 300 वर्ष पूर्व ही, जब कि वराह-मिहिर 505 वि. संवत् के प्रमाणित हैं, फिर मेरुतंग की कथा में जिस नन्द राजा के आश्रय में वराह-मिहिर को प्रस्थापित किया गया है, वह कैसे संगत हो सकता है? जो वराह-मिहिर आदित्यदास तनय होकर उन्हीं से ज्ञान प्राप्त कर सूर्य से वर प्राप्त करता है, और ज्योतिष के ग्रंथों में शिव-विष्णु-सूर्य आदि की स्तुति करता है, उसे जैन धर्म-दीक्षित बतलाया जाना, और असुर भूत-प्रेत योनि तक में प्रकल्पित करना, सत्य पर आवरण डालकर अनर्गल प्रचार के अतिरिक्त और क्या हो सकता है?

परन्तु कहा जा सकता है कि भद्रबाहु भी एक नहीं दो थे, प्रथम भद्रबाहु यशोभद्र-सूरि के छात्र एवं चन्द्रगुप्त-मौर्य कालीन थे,* इससे स्पष्ट है कि प्रथम भद्रबाहु का छठी शताब्दी के वराह-मिहिर से कोई संबंध नहीं। जिन निर्युक्ति आदि के निर्माता भद्रबाहु हैं, वे यदि प्रथम भद्रबाहु होते तो कहीं वराहमिहिरादिक का, या हेमचन्द्र के ग्रंथों में उक्त भद्रबाहु का अवश्य उल्लेख करते। जिन लोगों की दृष्टि में द्वितीय भद्रबाहु का छठी शताब्दी में अस्तित्व है, वे भद्रबाहु को ब्राह्मण कुलोत्पन्न ही स्वीकार करते हैं, सम्भव है, यह वराह-मिहिर के भ्राता हों? बाद की जैन रचनाओं में जो श्वेताम्बरीय हैं, उनमें तथा उपर्युक्त ग्रंथों के अतिरिक्त संघतिलक सूरि कृत- 'सम्यकत्व सप्ततिका' आदि में जिन भद्रबाहु का उल्लेख है वह यही द्वितीय हो सकते हैं। संघतिलक सूरि की यह गाथा प्रकट है-

'तत्थय चउदस विज्जाठाण पारगो छक्कम्म मम्मविऊ पयईए भद्दओ भद्दबाहु नाम माहणो हुत्था। तत्सय परम पिम्म सयसीरुह मिहरो वराह मिहरो नाम सहोयरो' परन्तु भद्रबाहु ने स्वयं अपने किसी भी ग्रंथ आदि में अपना समयादि कहीं अंकित नहीं किया है।

इस पर भी यदि कालक-कथा, एवं कल्पसूत्र (148 सूत्र) आदि की विक्रम कालारम्भ की कल्पना से गणना करके भद्रबाहु के समय पर विचार किया जाये तो अनेक भ्रामक बातें उपस्थित हो जाती हैं। सूत्र की कल्पना से भद्रबाहु 125 वर्ष से ऊपर की वय के ठहरते हैं, और वराहमिहिर भी 100 से कम नहीं है। यदि भद्रबाहु 30 वर्ष के लगभग वराह-मिहिर से बड़े बना दिये जायें तो जैन परम्पराएँ उनके साथ सु-संगत हो जाती हैं। किन्तु मेरुतुंग, या अन्य ग्रंथकर्ता स्वयं वराहमिहिर का लघु-बन्धु कहकर ही स्वीकार करते हैं। इस प्रकार जैन ग्रंथों की विभिन्न चर्चाएँ स्वयं ही अपनी प्रस्थापित कल्पना को प्रमाणित करने में असमर्थ हो जाती हैं। तब वराह-मिहिर के जैन होने, या भद्रबाहु के बन्धुत्व की दन्तकथाएँ सर्वथा निरर्थक और तथ्यहीन हो जाती हैं। और यह निर्विवाद है कि वराह मिहिर छठी शती में अपनी असीमित एवं चमत्कृतिकर प्रतिभा के प्रकाश में भू-मण्डल को ज्योतिर्मय बनाये हुये थे। अवश्य ही 'कालिदास-त्रयी' की तरह वराह मिहिर द्वैत हो तो यह बात भिन्न है। प्रथम वराह मिहिर विक्रमकालीन हो सकेंगे। पंचसिद्धान्तिका में वर्णित चर्चा से इस आशंका के लिये अवसर है कि वराह मिहिर बृहत्संहिताकार से पूर्ववर्ती भी हो सकते हैं। यद्यपि वे चाहे किसी विक्रम सभा की नवरत्न मालिका में परिगणित किये जाते हों या न हों, परन्तु स्वतः वे एक

महान् रत्न थे, जिनमें अलौकिक आलोक पूंजीभूत हो गया था। ज्योतिर्विदाभरण के प्रणेता ने वराहमिहिर को विक्रम की नवरत्न मल्लिका में पिरो दिया है। स्वत: वराह मिहिर ने कहीं भी उल्लेख नहीं किया है, और द्वितीय चन्द्रगुप्त की भी कहीं चर्चा नहीं होने देते हैं। पराश्रित प्रकाश की अपेक्षा वे स्वतंत्र प्रतिभा-वैभव से ही ज्योतिष-जग पर सहस्त्र-रश्मियों की दैदीप्यमान आभा प्रसारित कर रहे हैं।

वराह मिहिर के ज्योतिर्विज्ञान पर, अतएव इस देश पर, अनन्त उपकार हैं। इस उपकार भार से हम समस्त भारतीयों का गर्वोन्नत मस्तक भी उनके समक्ष सादर विनयावनत बना हुआ है।

संदर्भ

❖ 'मय' के विषय में अन्य कुछ विद्वानों का मत है कि वे बाहरी थे, किन्तु उनका शासन उज्जैन पर भी था। मय नाम का एक राजा था जो उज्जैन में राज्य करत था। इसकी संगति इससे यों लग जाती है कि जिस 'मय' नामा 'महासुर' ने 'सूर्य सिद्धान्त' का निर्माण किया था, वह 'विक्रम' कालीन है। उज्जैन की खुदाई में एक मृत्तिका की मुद्रा मिली थी, जिस पर मय-या-मही-राजा-या-रावण ऐसा ही कुछ अंकित है। सम्भव है यह 'मय-राज' ही हो, जो वराहमिहिर के पूर्ववर्ती होने के कारण तथा ज्योतिर्विज्ञान के आचार्य होने के कारण वराहमिहिर द्वारा स्मरण किया गया हो। - लेखक

◆ रोमक सिद्धान्त के विषय में कई विद्वानों की मान्यता है कि वह 'ग्रीक' है। पोलिश और रोमक ये नाम भी इसी के सूचक हैं। मालूम होता है कि विक्रमकाल में उज्जैन का रोम से व्यापारिक संबंध था उसी के फलस्वरूप यह साहित्यिक आदान प्रदान हुआ होगा, और उज्जैन से होने के कारण ही वराहमिहिर द्वारा ये प्रचारित हुये होंगे। - लेखक

● किन्तु कुछ लोगों का मत है कि वराह नामक पंडित का मिहिर पुत्र था, जिसकी विक्रम राजसभा की परम प्रतिभाशाली 'खना' नामक विदुषी ज्योतिर्विज्ञान-विदा से मंत्री थी, किन्तु वराह को यह सह्य नहीं था, सो 'खना' ने अपनी जिह्वा काटकर सभा का त्याग कर दिया था। - लेखक

⌘ वीर मोक्षाद् वर्ष शते, सप्तयग्रे गते सति। भद्रबाहु रपि स्वामी ययौ स्वर्गं समाधिना॥ परि. सं. 9 श्लोक 112

जल-जीवन है

प्रार्थना

या आपो दिव्या उत का सवन्ति ख नत्रिमा उत वा याः स्वयंजाः।

समुद्रार्थ याः शुचयः पावकास्ताआपो देवीरिह भागवन्तु॥

जल जो अन्तरिक्ष में उत्पन्न होते हैं, जो नदी आदि में स्रोत्र रूप में बहते हैं, जो खोदने से उत्पन्न-कूप आदि के रूप में विद्यमान हैं, जो झरने आदि के रूप में स्वयं उत्पन्न होते हैं, जो समुद्र में जाकर मिल जाते हैं और जो दीप्तिमान एवं पवित्र हैं है भगवन्! ऐसे दिव्य गुण सम्पन्न जल यहाँ मेरी रक्षा करें, मुझे प्राप्त हों।

नाप्सु मूयं पुरीषं काष्ठीवंन का समुत्सजेत्।

अमेध्य लिप्तमन्यद्वा लोहिंतवा विषाणि का। 4/56 धर्मशास्त्र

जल में (कूप, बावड़ी, झरना, नदी, तालाब) मूत्र, विष्टा, थूक तथा इन अपवित्र वस्तुओं से लिप्त कोई वस्तु अथवा रक्त व विष को कदापि न फेंके।

आ आवाह्म!

निकामि निकामे नः पर्जन्यो वर्षतु,

फलवत्योन ओषधयः पच्यन्तां,

योग क्षेमो नः कल्पताम्। यजुर्वेद

हे ब्रह्म! महाशक्ति शाली परमेश्वर!हमारे राष्ट्र में प्रत्येक योग्य अवसर पर जब-जब हमें आवश्यकता हो तब-तब मेघ बरसे। हमारी औषधियाँ फलवती होकर परिपक्वता को प्राप्त हों और हमारा योगक्षेम उत्तम रीत से होता रहे।

मित्रार्कध्रुववासवांबुपमघऽतोयांत्यपुष्पेन्दुभिः।

पापैर्हीनबलैस्तनौ सुरगुरौ ज्ञे वा मृगौ इले विद्यौ॥

आप्ये सर्वजलाशयस्य खनंन व्यंभेमघैः सेन्द्रमै।

स्तैनृत्यं हिबुके शुभैस्तनुग्रहे ज्ञेब्जे ज्ञराशौ शुभभ्॥

मित्र-अनुराधा, अर्क-हस्त-ध्रुव संज्ञक नक्षत्र-घनिष्ठा, शतभिषा, मघा, पूर्वाषाढा, रेवती, पुष्य, इन नक्षत्रों में तथा उस समय की लग्न में पापग्रह निर्बल हों, लग्न में बुध या गुरु हों, लग्न से दशम् स्थान में शुभ हो, जलचर राशि का चन्द्रमा हो, ऐसे मुहूर्त में कुआँ, तालाब आदि खुदवाना शुभ होता है।

नृत्यारंभ के लिए– ज्येष्ठ नक्षत्र तथा ऊपर कहे गये नक्षत्रों में तथा चतुर्थ स्थान में शुभग्रह हों, लग्न में बुध हो, मिथुन या कन्या राशि में चन्द्रमा हो तो शुभ मुहूर्त होता है, परन्तु इसमें मघा और पूर्वाषाढ़ा नक्षत्र नहीं होना चाहिए ।

व्यवहारत्व नामक ग्रन्थ में इन्हीं नक्षत्रों में जलाशय खनन के लिए बताया गया है।

जलाशय खनन में लग्न का विचार– जलाशय खनन के समय की लग्न में पापग्रह नहीं होना चाहिए, लग्न में शुभग्रह हों। गुरु, शुक्र और बुध यह ग्रह लग्न में बैठे हों, इसी प्रकार लग्न से दशम् स्थान में जलराशि के गृह हों, चन्द्रमा हो तो शुभ रहता है।

रत्नमाला ग्रन्थ में कहा है– लग्न में गुरु अथवा बुध हो, क्रूर ग्रह निर्बल हो रहे हों, शुल्क पक्ष का चन्द्रमा हो, जलराशि का चन्द्र हो तो खोदना अवश्य ही लाभदायक रहता है।

कश्यप ऋषि ने कहा है– लग्न में गुरु हो अथवा बुध या शुक्र हो, दशम् स्थान में चन्द्रमा हो, इसी प्रकार जलराशि का चन्द्र हो तो जलाशय मुहूर्त सिद्धिदायक रहता है।

दीपिका नामक ग्रन्थ में कहा है– पुष्य नक्षत्र, अनुराधा नक्षत्र तीनों उत्तरा नक्षत्र तथा रोहिणी, घनिष्ठा, शतभिषा आदि नक्षत्र हों अथवा जलचर राशि के नक्षत्र और चन्द्र हों, सूर्य शुभ राशि में हो, शुभवार, योग्य और तिथि हों क्रूर ग्रह कमजोर हो रहे हों, चन्द्र बलवान हो रहा हो, दशम् स्थान में शुभ बलवान होकर पड़ा हो, गुरु और शुभ उदित हो रहे हों, तो जलाशय खनन शुभ माना गया है। वापी (बावड़ी) कूप, तालाब इन सबके लिए आकृति भेद से ही विचार कर लेना चाहिए।

वापी खनन में– स्वाति अश्विनी पुष्य हस्त तथा पुनर्वसु नक्षत्र सदा शुभ माने गये हैं। इसी तरह रेवती नक्षत्र भी प्रशस्त है।

श्रीपति ने कूपारम्भ मुहूर्त के बारे में कहा– हस्त, पुष्य, वासव-घनिष्ठा वारुण नक्षत्र, मैत्र, पितृ, तीनों उत्तरा प्राजापत्य इत्यादि। नक्षत्र कूपारंभ के लिए श्रेष्ठ बताये गये हैं। इत्यादि अर्थात्-मृगशिर, रेवती, अनुराधा। तड़ाग आरम्भ के विषय में वसिष्ठ जी ने कहा है-मैत्र, मृगशिर, रेवती, इन्दु रोहिणा, पौष्ण, मूल, विशाखा तीनों उत्तरा एवं रोहिणी, चित्रा, अनुराधा। गुरुवार, शुक्रवार, चन्द्रवार में जलाशय मुहूर्त प्रारंभ करना चाहिए। लग्न शुभलेनी। वापी (बावड़ी, कूप, तड़ाग इत्यादि पृथक-पृथक नाम हैं परन्तु इन सभी का संबंध जल प्राप्ति से है इसलिए कहीं-कहीं मुहूर्तों में समानता है। ये लग्न ऊपर लिखे 13 नक्षत्र हैं।

वसिष्ठ ऋषि ने कहा है कि इन नक्षत्रों में– उद्यान, बाग-बगीचे आदि के लिए भी जल खनन लाभप्रद और शुभ रहता है।

इनके जीर्णोद्वार के संबंध में भी इन्हीं नक्षत्र आदि को तथा मुहूर्तों में विचार करना चाहिए।

प्राचीन भारत में जल की खोज

जीवन के लिए जल एक अनिवार्य पदार्थ है। वनस्पति की उत्पत्ति और कृषि, जल पर ही निर्भर है। हमारा देश कृषि प्रधान देश है, इसलिए खेती के लिए वांछित जल की आवश्यकता सदा बनी रहती है। मनुष्य के जीवन के लिए और खेती बाड़ी के लिये हमें नदियों, तालाबों और कुओं से जल मिलता है। नदियाँ अथवा तालाब प्रत्येक गाँव, कस्बे तथा नगर में उपलब्ध नहीं हैं और सरलता से हर कहीं बनाये भी नहीं जा सकते इसलिए पानी की आवश्यकता को पूरा करने के लिए लोग कुआँ खोदते हैं। शासन भी कुएँ खुदवाता है या नलकूप लगवाता है। कुआँ खोदने से पूर्व यह विचार करना बहुत आवश्यक है कि कुआँ वहीं खोदा जाये, जहाँ पानी मिल सके और सदा सब ऋतुओं में पानी मिलता रहे। कुआँ खोदने पर यदि पानी नहीं निकला या कुछ दिन पानी निकलकर फिर उससे पानी मिलना बन्द हो गया, तो सारा परिश्रम और खुदाई में व्यय किया गया धन व्यर्थ जाता है। साथ ही यह बात भी ध्यान में रखना बहुत आवश्यक है कि कुआँ उस स्थान पर खोदा जाये, जहाँ कम गहराई पर पानी मिल सके, ताकि खुदाई में व्यय कम हो।

हमारे देश में प्राचीनकाल में ही समाजसेवी विद्वानों ने मनुष्यों की इस परम और अनिवार्य आवश्यकता का अनुभव कर भू गर्भ के जल का पता लगाने के अनेक प्रयास और प्रयोग किये थे तथा यह प्रयोग एवं शोधकार्य अनेक शताब्दियों तक विभिन्न प्रकार और परिस्थिति के भू-भागों में निरन्तर चलते रहे। उन लोकहितार्थ प्रयोगकर्ता विद्वानों ने अपने अनुभव लिपिबद्ध किये होंगे परन्तु वे सब हमें उपलब्ध नहीं हैं। संभव है कहीं कोई हस्तलिखित ग्रन्थ हो जिसका पता अभी तक नहीं चल सका है।

इस विषय का जो ग्रन्थ मुद्रित उपलब्ध होता है वह आचार्य **वराहमिहिर** की **वृहत्संहिता** है। **वृहत्संहिता** ज्योतिष का ग्रन्थ है।

ज्योतिष विज्ञान के प्राचीन भारतीय विद्वानों में आचार्य वराहमिहिर का नाम अत्यन्त सम्मानपूर्वक लिया जाता है। उन्होंने गणित ज्योतिष और फलित ज्योतिष दोनों पर लिखा है। दोनों पर शोधकार्य किये हैं। उनके पंच सिद्धांतिका ग्रन्थ से पाँच विभिन्न सिद्धांतों का परिचय मिलता है। इनमें कुछ सिद्धांत तो बहुत प्राचीन हैं और कुछ उनके समय के। उनकी कृतियों[1] को देखकर कुछ विद्वानों का कहना है कि उन्हें गणित ज्योतिष की अपेक्षा फलित ज्योतिष में अधिक रुचि थी।[2]

---

1. रचनाकाल के अनुसार इनके ग्रन्थों का क्रम यह है:-

   पंचसिद्धान्तिका, विवाहपटल, वृहज्जातक, लघुजातक, यात्रा और वृहत्संहिता। लघुजातक का रचनाकाल यात्राग्रन्थ और वृहत्संहिता के बाद भी हो सकता है। भारतीय ज्योतिष— श्री शंकरबालकृष्ण दीक्षित।

2. भारतीय ज्योतिष का इतिहास-डॉ. गोरख प्रसाद।

आचार्य वराहमिहिर के संबंध में अनेक प्रकार के प्रवाद कुछ वचनों के आधार पर प्रचलित हैं। जैसे ज्योतिर्विदाभरण के एक श्लोक में कालिदास, धन्वन्तरि आदि[1] के साथ वराहमिहिर भी विक्रम की सभा के प्रसिद्ध नौ रत्नों में गिनाये गये हैं। पर इन नौ नामों में से कई एक भिन्न-भिन्न काल के सिद्ध हो चुके हैं। अतः यह श्लोक प्रमाण के योग्य नहीं है। अपने वृहज्जातक के उपसंहाराध्याय में वराहमिहिर ने अपना कुछ परिचय दिया है। उसके अनुसार वे अवंन्ती (उज्जयिनी-वर्तमान उज्जैन) के रहने वाले थे। कपित्थ (वर्तमान कायथा) स्थान में सूर्य देव को प्रसन्न करके इन्होंने उनसे वर प्राप्त किया था। इनके पिता का नाम आदित्यदास था।''[2]

श्री शंकर बालकृष्ण दीक्षित ने भारतीय ज्योतिष का इतिहास लिखा है, उसमें इनका जन्म शक 412 अर्थात् 490 ई. के आस-पास माना है और डॉ. गोरखप्रसाद ने 'भारतीय ज्योतिष का इतिहास' में उनका निधन 587 ई. में होना लिखा है।[3]

फलित ज्योतिष का उनका ग्रन्थ वृहत्संहिता ज्योतिष के प्रकांड विद्वानों द्वारा प्रशंसित ग्रन्थ है। इस ग्रन्थ का 53 वाँ अध्याय-दृकार्गल है। इसमें भू-गर्भ के जल का ज्ञान करने-पता लगाने की विधि बताई गई है। वराहमिहिर ने इस विज्ञान को दृकार्गल कहा है, जिसका अर्थ है भूमि के अन्दर के जल (उदक, दक) का अर्गला-लकड़ी की छड़ी के माध्यम से निश्चय करना-पता लगाना। यह एक कला है जो देश के अनेक भागों में अब भी काम में लाई जाती है।[4] संभवतः यही कला इस देश में सर्वप्रथम काम में लाई गई होगी इसीलिए इस कला का यही नाम बाद में भी चलता रहा और आज भी यही नाम प्रचलित है। जैसा कि मैंने ऊपर कहा है वराहमिहिर से पूर्व भी इस विषय के कई विद्वान इस देश में हुए हैं जिनके ग्रन्थ अब उपलब्ध नहीं हैं। आचार्य वराहमिहिर ने अपने ग्रन्थ में सारस्वत और मनु का उल्लेख किया है। मनु का अब कोई ग्रन्थ उपलब्ध नहीं होता कुछ श्लोक मिलते हैं।

सारस्वतेन मुनिना दृकार्गलं यत् कृतं तदवलोक्य।
आर्याभिः कृतमेतद् वृत्तैरपि मानवं वक्ष्ये॥99॥[5]

---

1. धन्वन्तरिक्षपणकामरसिंहशंकुवेतालभट्टघटकर्पर कालिदासाः।
ख्यातो वराहमिहिरो नृपतेसभायाम्, रत्नानि वै वरुचिर्नव विक्रमस्य।

2. आदित्यदासतनयस्तदवाप्तबोधः,
कपित्थ के सवितृलब्धवरप्रसादः।

3. नवाधिकपंचशतसंख्यशाके वराहमिहिराचार्यो दिवगतः। ब्रह्मगुप्त टीकाकार आमराज शक 509 अर्थात् सन् 587।

4. Varahamihira dilates on this subject in some detail in Ch. 53 of the Brhatsamhita. He calls this art drakargala or udakargala which term evidently refers to the determination of the subsoil water (udaka) (उदक) daka) with the help of a wooden stick (argala) an art still practised in some parts of the country. India as seen in the Brhatsamhita of Varahamihira -By Ajay Mitra Shastri M. A. Ph. D. 1st Edition.

5. अभी तक जो मैंने आर्याछंद में लिखा है वह सारस्वत मुनि के रचित दृकार्गल को देखकर लिखा है। अब आगे मनु के कहे दृकार्गल को देखकर उसे छन्दों में लिख रहा हूँ।

सारस्वत के लिखे कुछ श्लोक मिलते हैं। श्री भट्टोत्पल ने अपनी वृहत्संहिता की टीका-विवृति में इन श्लोकों का उल्लेख किया है। सारस्वत के ग्रंथ का क्या नाम था, वह कौन थे, कहाँ थे कब हुए आदि— यह शोध का विषय है।

हलायुध कोष ने दक् का अर्थ जल बताया है, जो व्याकरण के अनुसार उदक से जिसका अर्थ जल है बनता है। उदक शब्द जल के अर्थ में अब भी प्रयोग में आता है। अर्गला का अर्थ है लकड़ी की छड़। रोकने के लिए, द्वार को बन्द करने के लिए, जो लगाई जाती है। यह गाँव और कस्बों में अब भी कई स्थानों पर देखी जाती है।

श्री वी. एस. आप्टे ने अपने कोष-स्टूडेण्ट्स संस्कृत इंग्लिश डिक्शनरी में अर्गला शब्द का अर्थ लकड़ी की पट्टी, खूँटी, छड़, सटकनी, द्वार-बन्धिनी आदि दिये हैं।[1]

संस्कृत के विद्वान कोषकार श्री मोनियर विलियम्स (Monnier Williams) ने अपने कोष में दृकार्गल का अर्थ-पानी की कुंजी (Waterkey) कुआँ खोदने के लिए भूमि (मिट्टी) का परीक्षण करना, अथवा इस कार्य के करने के नियम दिय हैं। इसके अन्तर्गत पानी ढूँढ़ने की सभी विधियाँ और नियम आ जाते हैं। शब्दार्थ चिंतामणि कोषकार ने दृगार्ग्गल्म शब्द का अर्थः निस्तोयदेशे जलोपलब्धि ज्ञाने-जल रहित स्थान में जल प्राप्त करने का विज्ञान या पूरी जानकारी-किया है। इस शब्द का यह अर्थ मानना अच्छा लगता है, क्योंकि आचार्य वराहमिहिर ने अपने ग्रन्थ में छड़ी (अर्गला) द्वारा पानी ढूँढ़ने की विधि वास्तव में नहीं दी है।

छड़ी द्वारा पानी ढूँढ़ने-जल की शिरा का भूमि में पता लगाने की विधि को मैंने अनेक प्रांतों के विद्वानों से पूछकर इस पुस्तक के अन्त में लिखा है।

आचार्य वराहमिहिर के काल को हम ईसा पूर्व प्रथम शताब्दी मानें अथवा ईसा के निधन के पश्चात् की पाँचवीं शताब्दी मानें। वराहमिहिर के समय से पहले इस कला के दो सुप्रसिद्ध विद्वान मनु और सारस्वत हो चुके थे, जिनका उल्लेख वराहमिहिर ने स्वयं अपने ग्रन्थ में किया है। इसके अतिरिक्त वन्नू पथ जातक की एक कथा से यह स्पष्ट हो जाता है कि ईसा के जन्म से छः शताब्दी पूर्व यह कला हमारे देश में विकसित हो चुकी थी।[2]

आचार्य वराहमिहिर के समय तक आते-आते न केवल लकड़ी की अर्गला (छड़ी) द्वारा अपितु वनस्पति, मृदा, पाषाण, जीव-जन्तुओं और रत्नों के द्वारा भी पानी की खोज में, पानी की शिरा (Vein) का भूमि में पता लगाने में सहायता ली जाती थी, और यह भी पता लगा लिया जाता था कि पानी किस स्वाद का, किस रस का मिलेगा? मीठा, खारा-नमकीन या कसेला और कितनी मात्रा में मिलेगा? सदा मिलता रहेगा अथवा कुछ समय तक मिलकर फिर

---

1. The word argala means a wooden belt, pin, bar, bolt, latch etc, Vide Shri V.S. Apte's-Students Sanskrit English Dictionery.
2. Indian as seen is the Brhatsamhita of Varahamihira by -Ajay Mitra Shastri M.A. Ph. D. 1st Edition.

मिलना बन्द हो जायेगा? वराहमिहिर ने इन सब वनस्पति मृदा, पाषाण, जीव-जन्तु और रत्नों के आधार से पानी का पता लगाने की विधि बताई है, जो एक पूर्ण वैज्ञानिक विधि है। हम देखते हैं कि उन्होंने वनस्पति विज्ञान (Botany), भू-विज्ञान (Geology) तथा प्राणिकी विज्ञान (Zoology) को अपनी जल की खोज का आधार बताया है।

आधुनिक वनस्पति विज्ञान के अन्तर्गत परिस्थिति विज्ञान (Ecology) में यह स्वीकार किया गया है, कि कुछ वृक्ष ऐसे हैं जो अपने निकट नीचे भूमि में पानी होने की सूचना देते हैं।

प्रोसोपिस स्पाइसिजेरा[1], अकेसिया अरेबिका[2] और साल्वेडोरा ओलीवायडिस[3] यह कुछ ऐसी जातियाँ हैं, जिनकी जड़ें उत्तर-पश्चिम भारत के मरुभूखण्ड पर स्थापित होने के पूर्व ही जल तक पहुँच जाती हैं।[4]

टरमिनेलिया टोमेन्टोसा (Terminalia Tomentosa) और युजिनिया जाम्बोलाइना[5] (Eugenia Jambolina) के वृक्ष नम और घाटी के निचले स्थानों पर मिलते हैं।

मृदा (Soils) पर जो शोधकार्य हुए हैं उनके परिणामों के अनुसार यह माना जा चुका है कि पीत (Yellow) लोहगन्धिका[6] (Ferruginous Feparticlesmixed) पाण्डुरा (हल्की पीली) (Light Yellow) ससिकता (Sandy) सबालुका, सशर्करा (Gritty) घूसरा (Grey) नीलोत्पल वर्णा (Light Grey) मृदाएँ निश्चित रूप से तथा घूसर (Grey) वर्ण की मृदाएँ सामान्य रूप से अपने नीचे पानी सूचित करती हैं।

भारत का सबसे बड़ा मृदा समूह रक्तमृदाओं का है। इसमें कुछ लघु प्रकार भी सम्मिलित हैं जिनमें प्रायद्वीप की आद्य महाकल्पी शिला भी है।

रक्त वर्ण मृदाओं के मुख्य लक्षण हैं— उनमें चूना मैगनेसियम, फास्फोरस, भूयाति तथा ह्यूमस का कम होना और क्षार की अधिकता। साधारणतया इनमें विलय विनिमय कम होता है।[7]

---

1. Prosoapis Spicigera.
2. Acacia arabica
3. Salvadora oleoides.
4. भारतीय पादप पारिस्थिति विज्ञान लेखक - रामदेव मिश्र, जी. एस. पुरी, राजस्थान हिन्दी ग्रन्थ अकादमी, जयपुर
5. जामनु, राज जम्बुक
6. लौहकणों (संग्रन्थनों) के साथ मिश्रित।
7. भारतीय पादप पारिस्थिति विज्ञान- राजस्थान हिन्दी ग्रन्थ अकादमी, जयपुर।

पाषाणों (चट्टानों) में विशेषकर पुटभेदक (पुटदार Layered) पाषाण अपने नीचे पानी होना सूचित करता है। पाषाण के केवल रंग को देखकर यह नहीं कहा जा सकता कि उसके नीचे पानी है, पर क्योंकि Sedimantary[1] और Granite[2] चट्टानें बहुधा हलके रंग की होती हैं और उनके नीचे पानी मिलने की संभावना रहती है। यह कहा जा सकता है कि पारावत सन्निभ[3] (Dove Colour) गोरसवर्ण (Wheatish)[4] कर्बुरकवर्ण[5] (Variegated) कुलुत्थ वर्ण[6] (Pearly) आदि हलके रंग की सभी चट्टानों के तल में नीचे पानी मिलता है।

भूमि में पाये जाने वाले प्राणी जीव जन्तु मिट्टी के रासायनिक स्वरूप पर आधारित होते हैं। भूमि में बिल बनाकर रहने वाले प्राणियों की उपस्थिति मिट्टी की बनावट तथा आर्द्रता को संरक्षित रखने की क्षमता पर निर्भर करती है।[7] इसी कारण अनेक जीव जन्तुओं की भूमि में उपस्थिति (जीवित अथवा मृत पाया जाना) उस स्थान की भूमि के नीचे आर्द्रता-पानी होना प्रगट करती है। इसी कारण से आचार्य वराहमिहिर ने भूमि के अंदर पानी की शिराओं (Veins) स्रोतों का पता लगाने के लिए वनस्पति, मृदा (मिट्टी) पाषाण, रत्न, भूमि की उर्वरता आदि के साथ-साथ विभिन्न जीवों को भी काम में लिया है। जिन जीवों[8] को उन्होंने भूमि में जल होने की सूचना देने वाला माना है, उन जीवों के पूरे परिवार को ही जल का सूचक समझना चाहिए। प्राणिकी विज्ञान (Zoology) से इस दिशा में मार्गदर्शन मिल सकता है। प्राणिकी विज्ञान के विद्वानों एवं शोध छात्रों के लिए इस दिशा में कार्य करना जनहितकारी होगा।

गोंड आदिवासियों में मधूक (महुआ) तेन्दू और दीमक के बारे में यह धारणा है कि इनकी ओर से सर्प आकर्षित होते हैं, वे इन वृक्षों और दीमक के वल्मीकों के पास निवास करते हैं, अपने निवास के लिए स्थान बना लेते हैं, इसका कारण यह है कि इनके पास की भूमि पोली होती है। पोली भूमि में सर्प और दीमक के लिए आवास स्थान बनाना सरल होता है।

कुआँ खोदने पर अधिकतर नीचे पत्थर निकलता है, उसके नीचे पानी होता है, अतः पानी प्राप्त करने के लिए पत्थर को तोड़कर निकालना होता है। वराहमिहिर ने पत्थर को तोड़ने-फोड़ने की कई विधियाँ भी दी हैं। यद्यपि अब इन विधियों के प्रयोग की आवश्यकता नहीं रही।

---

1. अवसादी शैल
2. ग्रेनाइट
3. कबूतरवर्णी
4. सफेद, श्वेत
5. रंग बिरंगा, चितकबरा
6. मौत्तिक, हल्का गुलाबी
7. सामान्य जीव विज्ञान- मध्यप्रदेश हिन्दी ग्रन्थ अकादमी, भोपाल
8. सर्प, गोह, छिपकली, मेंढक, मछली, बिच्छु, नेवला, कछुआ।

सुरंग लगाकर चट्टानों को तोड़ दिया जाता है। इसी संदर्भ में एक श्लोक के अनुवाद में लिखा है कि पाषाण को अग्नि से तपाकर उसको 'सुधाम्बु सिक्ता' दूध और पानी से सींचा जाय तो वह पाषाण की चट्टान टूट जावेगी। यहाँ मुझे सुधा का अर्थ दूध करना उचित नहीं लगता। मैंने सुधा का अर्थ चूना किया है।[1] अन्य विद्वान भी इससे सहमत हैं।

प्रदूषित जल को शुद्ध करना तथा जल को दूषित होने से बचाना आज की एक प्रमुख समस्या है जिस पर अपने देश में और विदेशों में सोच विचार चल रहा है।

श्री वराहममिहिर ने कुआँ खोदने पर यदि जल बेस्वाद, दुर्गन्ध युक्त निकले तो उसको शुद्ध करने, सुस्वादु बनाने, दुर्गन्ध मिटाने की विधि भी बताई है।[2]

दृकार्गल के जितने संस्कृत और हिन्दी अनुवाद हुए हैं, उनमें वनस्पतियों के अधिकतर संस्कृत के शब्द वही रख दिये हैं जो मूल पुस्तक में हैं अथवा हिन्दी का एक नाम दे दिया गया है जो सभी हिन्दी भाषी प्रान्तों में नहीं समझा जा सकता है। इस कारण इस ग्रन्थ का पूरा लाभ नहीं उठाया जा सकता। अनुवाद करने का मेरा उद्देश्य यह है कि इस अनुवाद में प्रत्येक वनस्पति के लिए जितने हिन्दी नाम हैं जो भिन्न-भिन्न स्थानों पर बोले और जाने समझे जाते हैं, वे सब इस अनुवाद में दिये जाएँ, साथ ही वनस्पति का लेटिन नाम भी दिया जावे जिससे उस वनस्पति के पहचानने में भ्रम न हो और इसका लाभ अहिन्दी भाषी प्रान्तों तथा अँग्रेजी माध्यम से वनस्पति विज्ञान का अध्ययन करने वाले व्यक्तियों को भी मिल सके।

प्राप्त अनुवाद में लवण (Salt) और क्षार (Alkali) इन दो शब्दों का अर्थ नमक किया है, परन्तु लवण और क्षार में अन्तर है। मैंने इस अन्तर को स्वीकार किया है। क्षार बनाने की एक विधि भी अन्त में दे दी है। जहाँ तक इन दोनों के स्वाद का संबंध है हम दोनों के स्वाद को खारा या नमकीन कह सकते हैं।

वृक्ष-वनस्पति अपने चारों ओर की मिट्टी से खनिज अवयव प्राप्त करते हैं। वे मिट्टी के रासायनिक स्वरूप पर आधारित होते हैं[3] इसलिए हम कह सकते हैं कि वृक्ष न केवल भूमि के अन्तर्गत जल की अपितु खनिज की भी सूचना देते हैं। आचार्य वराहमिहिर ने भी इसका अनुभव किया था और उन्होंने इस अध्याय के एक श्लोक में वृक्ष से भूमि के अन्तर्गत धन-बहुमूल्य धातु होने की सूचना दी है।[4]

---

1. सुधा- लेपन द्रव्ये कलिचून-शब्दस्तोम महानिधि कोष।
2. अंजनमुस्तोशिरैः सराजकोशातकामलकचूर्णैः।
   कतकफलसमायुक्तैर्योगः कूपेप्रदातव्यः121। दृकार्गल वृ. सं.
3. सामान्य जीव-विज्ञान, मध्यप्रदेश हिन्दी ग्रन्थ अकादमी द्वितीय संस्करण 1976
4. कण्टक्य कण्टकानां व्यत्यासेऽम्भस्त्रिभिः करैः पश्चात्।
   खात्वा पुरुषत्रितयं त्रिभागयुक्तं धनं वा स्यात्॥53॥
   जहाँ कण्टकि वृक्ष (काँटेदार वृक्ष) अकण्टकि वृक्षों (बिना काँटेवाले वृक्षों) के बीच हो अथवा काँटेदार वृक्षों के बीच में एक बिना काँटे वाला वृक्ष हो तो उस वृक्ष से पश्चिम दिशा में तीन हाथ से आगे पौने चार पुरुष, नीचे खोदने पर जल मिलेगा अथवा धन (बहुमूल्य धातु) होगा।

लकड़ी की छड़ी द्वारा भूमि के अन्तर्गत जल का पता लगाने की विधि देश के विभिन्न भागों में जानकार लोग प्रयोग में लाते हैं। इस विधि के जानकार अधिकतर पानी बाबा के नाम से भी पुकारे जाते हैं। मैंने लगभग 15 व्यक्तियों से इस संदर्भ में चर्चा करके इस संपूर्ण विधि को पुस्तक के अंत में लिखा है। मैं मानता हूँ कि यदि पूरी सावधानी से इस विधि के आधार पर पानी की शिरा (Vein) की खोज की जायेगी तो सफलता निश्चित है।

आजकल शासन की ओर से जहाँ पानी की आवश्यकता होती है, जनता की आवश्यकता के लिए नलकूप लगाये जाते हैं। देखा गया है कि कई स्थानों पर नलकूपों से पहले कुछ दिन पानी मिला, परन्तु कुछ समय पश्चात् पानी मिलना बंद हो गया। मैंने नलकूप विभाग के संबंधित अधिकारियों से इस विषय में चर्चा की। पुस्तक की पाण्डुलिपि दिखाई। सरसरी तौर पर पांडुलिपि देखकर वे इसके आधार पर नलकूप लगाने का प्रयोग भविष्य में करने को उत्सुक हैं। निश्चित ही इन प्रयोगों के परिणाम भविष्य में नल कूप लगाने में सहायक होंगे। हमारी हार्दिक इच्छा तो यह है कि इस पुस्तक के आधार से खोदे गये कुओं की जानकारी यदि हमें मिल सके तो जानकारी प्रेषित करने वाले सज्जनों के शुभ नाम और पते के साथ उसे पुस्तक के अगले संस्करण में प्रकाशित करें। इस प्रकार की जानकारी से पुस्तक में दिये गये प्राचीन सिद्धांतों की वास्तविकता का पता चलेगा और नये रहस्य भी उद्घाटित होंगे।

आचार्य वराहमिहिर ने पानी की खोज में जिन विषयों-विज्ञानों को आधार बनाया है। इस पुस्तक का अनुवाद करने में आवश्यक था कि उन विज्ञानों के जानकार विद्वानों से चर्चा की जाये और आधुनिक विज्ञान कहाँ तक पुरानी खोजों और प्रयोगों का समर्थन करते हैं, यह देखा जाये। इसलिए मैंने संबंधित विज्ञानों के विद्वानों से चर्चा की और उनका सहयोग प्राप्त किया।

मैं सर्वश्री—पं. विनोदचन्द्र शास्त्री एम. ए. साहित्य-ज्योतिष आचार्य। डॉ. स्वामी देवकीनन्दन तिवारी आई. एस. एस., पीएच.डी., एस.एन. ए. एस सी, एफ. बी. एस. ए. आई. एस. सी., कंजरवेटर इन चीफ (फारेस्ट) डॉ. अवध बिहारी लाल अग्निहोत्री एम. ए. (इंग) एम.ए. (सं) ए. एम. एस., एल. एल. बी. प्राचार्य आयुर्वेदिक कालेज, रायपुर, श्रीमती कमला जोशी, डॉ. सुरेश चन्द्र शर्मा, चीफ मेडिकल आफिसर, बी.एच.ई.एल. के प्रति हृदय से आभारी हूँ जिनके सहयोग से इस पुस्तक को प्रस्तुत करने में समर्थ हो सका हूँ।

मुझे आशा और विश्वास है कि सभी हिन्दी भाषी प्रान्तों के लोग तथा अन्य प्रांतों के व्यक्ति भी मेरे इस प्रयास से लाभ उठा सकेंगे और भूमि से जल प्राप्त करने में सफल मनोरथ होंगे। साथ ही पारिस्थिति विज्ञान (Ecology) के विद्यार्थी और शोधकर्ता इस साहित्य से प्रेरणा और मार्गदर्शन प्राप्त कर सकेंगे।

इस संदर्भ में विशेष जानकारी, प्रयोगों से प्राप्त अनुभवों तथा पुस्तक में जो कमियाँ रह गयी हैं उनकी सूचना का मैं हार्दिक स्वागत करूँगा। शिवमस्तु।

ईशनारायण जोशी

भोपाल, 15 अगस्त 2004

विषय-क्रम

1. प्रयोजन
2. जल के रंग और रस परिवर्तन का कारण
3. दिशाओं के अधिपतियों और शिराओं के नाम
4. शुभ और अशुभ शिराएँ
5. वेतस से जल ज्ञान
6. जम्बू वृक्ष से जल ज्ञान
7. उदुम्बर वृक्ष से जल ज्ञान
8. अर्जुनवृक्ष से जल ज्ञान
9. निर्गुण्डी से जल ज्ञान
10. बदरी वृक्ष से जल ज्ञान
11. पलाश और बदरी वृक्षों से जल ज्ञान
12. बिल्व और उदुम्बर वृक्षों से जल ज्ञान
13. काकोदुम्बरिका वृक्ष से जल ज्ञान
14. कम्पिल्लक वृक्ष से जल ज्ञान
15. शोणाक वृक्ष से जल ज्ञान
16. विभीतक वृक्ष से जल ज्ञान
17. कोविदार वृक्ष से जल ज्ञान
18. सप्तपर्ण से जल ज्ञान
19. मेंढक द्वारा जल ज्ञान
20. करंज वृक्ष से जल ज्ञान
21. महुए से जले ज्ञान
22. तिलक वृक्ष से जल ज्ञान
23. कदम्ब से जल ज्ञान

24. ताड़ और नारियल से जल ज्ञान
25. कपित्थ वृक्ष से जल ज्ञान
26. अश्मन्तक वृक्ष से जल ज्ञान
27. हरिद्रवृक्ष से जल ज्ञान
28. जल रहित देश में जल ज्ञान
29. समीप और दूर जल बताने वाले वृक्ष
30. घास से जल और धन का ज्ञान
31. भूमिताड़न से जल ज्ञान
32. वृक्ष की शाख से जल ज्ञान
33. फल और पुष्पों से जल ज्ञान
34. कटेरी से जल ज्ञान
35. खजूर से जल ज्ञान
36. कर्णिकार से जल ज्ञान
37. धुएँ और भाप से जल ज्ञान
38. धान्य से जल ज्ञान
39. मरुभूमि में शिराओं का ज्ञान
40. पीलू वृक्ष से शिरा ज्ञान
41. पीलू वृक्ष से जल ज्ञान
42. करीर वृक्ष से जल ज्ञान
43. रोहीतक वृक्ष से जल ज्ञान
44. इन्द्र वृक्ष से जल ज्ञान
45. सुवर्ण वृक्ष से जल ज्ञान
46. बदरी ओर रोहित वृक्षों से जल ज्ञान
47. बदरी और करीर वृक्षों से जल ज्ञान
48. बदरी और पीलू वृक्षों से जल ज्ञान
49. ककुभ करीर और बिल्व से जल ज्ञान

50. दूर्बा और कुशा से जल ज्ञान
51. कदम्ब वृक्ष से जल ज्ञान
52. रोहीतक और वल्मीक से जल ज्ञान
53. शमी से जल ज्ञान
54. पाँच वल्मीकों से जल ज्ञान
55. पलाश और शमी से जल ज्ञान
56. श्वेत रोहीतक से जल ज्ञान
57. श्वेत तथा काँटों वाली शमी से जल ज्ञान
58. मरू और जांगल प्रदेश के जल चिह्नों का अन्तर
59. कुछ औषधियों से जल ज्ञान
60. अनूप, जांगल और मरुभूमि में अंतर
61. एक रंग और विकार युक्त भूमि से जल ज्ञान
62. चिकनी, सम, शब्द युक्त भूमि से जल ज्ञान
63. चिकने और विकृत वृक्षों से जल ज्ञान
64. नीचे धँसने वली भूमि से जल ज्ञान
65. गरम और ठण्डी भूमि से जल ज्ञान
66. वल्मीक आदि से जल ज्ञान
67. वट पलाश आदि से जल ज्ञान
68. दिशाओं से कूप लक्षण
69. आचार्य वराहमिहिर का वक्तव्य
70. विभिन्न वृक्षों से जल ज्ञान
71. भूमि के गुण
72. छिद्रदार पत्तों से जल ज्ञान
73. भूमि के रंग से जल ज्ञान
74. वैदूर्य मणि से जल ज्ञान
75. रंगीन शिलाओं से जल ज्ञान

76. जल का अभाव बताने वाली शिलाएँ

77. रंगीन शिलाओं से जल ज्ञान

78. मुनि वचन-शिलाओं का फल

79. शिलाओं को फोड़ने की विधि

80. शस्त्र को तेज करने की विधि

81. पाली (पाल-बाँध बनाकर पानी रोकना) लक्षण

82. पाली के तट पर लगाये जाने वाले वृक्ष

83. जल निकालने का द्वार (मोरी)

84. जल शुद्धि के लिए कूप और वापी में डालने के द्रव्य

85. उपर्युक्त योग के गुण

86. कुआँ खोदने के नक्षत्र

87. प्रतिष्ठा का विधान

88. क्षार बनाने की विधि

89. यष्टिका द्वारा भूमि में जल की खोज

परिशिष्ट

1. वनस्पति सूची

2. मृदा (मिट्टी) सूची

3. पाषाण सूची

4. जीव-जन्तुओं की सूची

प्रयोजन

धर्म्यं यशस्यं च वदाम्यतोऽहं दृकार्गलं येन जलोपलब्धिः।
पुंसां यथाङ्गेषु शिरास्तथैव क्षितावपि प्रोन्नत निम्न संस्थाः॥ 1॥

मैं (वराहमिहिर) पुण्य और यश के देने वाले दृकार्गल[1] विज्ञान को जिससे भूमि में जल की प्राप्ति होती है, बताता हूँ। जिस प्रकार पुरुषों के अंगों में ऊपर और नीचे शिराएँ[2] रहती हैं उसी प्रकार भूमि में ऊपर और नीचे (गहराई में) जल की शिराएँ होती हैं।[3]

जल के रंग और रस परिवर्तन का कारण –

एकेन वर्णेन रसेनचाम्भश्च्युतं नभस्तो वसुधाविशेषात्।

नानारसत्वं बहुवर्णतां च गतं परीक्ष्यं क्षितितुल्यमेव ॥2॥

आकाश से बरसा हुआ जल एक ही रंग[4] और एक ही रस (स्वाद)[5] का होता है परन्तु वह भूमि की विशेषता (अनेक प्रकार की होने[6]) के कारण भूमि के समान अनेक रंगों और अनेक प्रकार के रसों (स्वादों) वाला हो जाता है। उसकी (भूमि के जल की) परीक्षा करना चाहिए।

दिशाओं के अधिपतियों और शिराओं के नाम -

पुरुहूतानलयमनिर्ऋतिवरुण पवनेन्दुशङ्करा देवाः।

विज्ञातव्याः क्रमशः प्राच्याद्यानां दिशां पतयः ॥3॥

---

1. दृकार्गलम्
2. नाड़ियाँ Veins
3. नलकूप-जब नीचे की शिरा पर लगता है तो उससे निरंतर पानी मिलता है।
4. सकर्णिका, कपिला, आपांडुरा, नीला इत्यादि। श्लोक (104 देखें)
5. रंगः- 1. शुक्ल (सफेद) 2. रक्त (लाल) 3. कृष्ण (काला) 4. धूम्र (मटमैला), 5. पीत (पीला) 6. कपिल (राखसा) 7. पांडुर (हल्का पीला) आदि।
6. रस-छः प्रकार के होते हैं- मधुर (मीठा), अम्ल (खट्टा) लवण (नमकीन) कटु (कड़वा) तिक्त (तीखा), कषाय (कसेला)

इन्द्र, अनल, यम, निर्ऋती, वरुण, पवन, इन्दु और शंकर ये देवता क्रमशः दिशाओं के अधिपति हैं।

इन्द्र– पूर्व दिशा के, अनल (अग्नि) आग्नेय दिशा (पूर्व और दक्षिण के बीच की दिशा) के, यम– दक्षिण दिशा के, निर्ऋती-राक्षसों के पति-नैऋत्य दिशा (दक्षिण और पश्चिम के बीच की दिशा) के, वरुण (जल के अधिपति) पश्चिम दिशा के, पवन (वायु के अधिपति) वायव्य दिशा (पश्चिम और उत्तर के बीच की दिशा) के, इन्दु (चन्द्र) उत्तर दिशा के, शंकर (रुद्र) ईशान दिशा (उत्तर और पूर्व के बीच की दिशा) के अधिपति हैं।

दिक्पतिसंज्ञा च शिरा नवमी मध्ये महाशिरानाम्नी।

एताभ्योऽ न्याः शतशो विनिःसृता नामभिः प्रथिताः॥ 4॥

दिशाओं के अधिपतियों के नाम की शिराएँ (नाड़ियाँ) होती हैं। जैसे पूर्व दिशा का अधिपति इन्द्र है तो पूर्व दिशा की शिरा (नाड़ी) ऐन्द्री, आग्नेय दिशा की शिरा आग्नेयी, इस प्रकार आठ दिशाओं के बीच में नवमी (नवीं) महाशिरा होती है। इन नौ शिराओं से अतिरिक्त सैकड़ों शिराएँ निकलती हैं; जिनके अलग-अलग नाम हैं। (आगे 23 वें श्लोक में देखें)

शुभ और अशुभ शिराएँः–

पातालादूर्ध्वशिरा शुभा चतुर्दिक्षु संस्थिता याश्च ।

कोणादिगुत्थान शुभा शिरानिमित्तान्यतो वक्ष्ये ॥5॥

पाताल से (नीचे से) जो ऊर्ध्व (ऊपर को) शिरा निकलती है वह शुभ होती है, और चारों दिशाओं (पूर्व, पश्चिम, उत्तर, दक्षिण) की शिराएँ शुभ होती हैं। परन्तु जो शिराएँ कोणों (विदिशाओं) में उत्पन्न होती हैं (निकलती हैं) वे शुभ नहीं होतीं।

शिराओं के चिह्न क्या होते हैं (जिन चिह्नों से शिराओं का पता लगता है) वह आगे बतलाता हूँ।

वेतस से जल ज्ञान -

यदि वेसतोऽम्बुरहिते देशे हस्तैस्त्रिभिस्ततः पश्चात्।

सार्धे पुरुषे तोयं वहति शिरा पश्चिमा तत्र ॥6॥

चिन्हमपि चार्धपुरुषे मण्डूकः पाण्डुरोऽथ मृत् पीता।

पुटभेदकश्च तस्मिन् पाषाणो भवति तोयमधः ॥7॥

जल रहित देश[0] (भूभाग) में यदि वेतस[1] दिखाई दे तो उस वेतस वृक्ष से तीन हाथ के

---

0. निर्जल Anhydrous.

1. (i) बेत, बैत Calamus rotang L. Palmae)

(ii) बेद सादा, बेद पंजाबी, बिस, बुशन, चम्पा Salix alba L. (Salicaceae)

बाद पश्चिम दिशा में नीचे डेढ़ पुरुष[1] खोदने पर पानी मिलेगा उस स्थान पर पश्चिम शिरा बहती है॥6॥

आधा पुरुष खोदने पर पाण्डुर रंग[2] का मेंढक मिलेगा, उसके बाद पीली मिट्टी, फिर पुट भेदक पत्थर[3] मिलेगा, उसके नीचे जल होगा ॥7॥

जम्बू वृक्ष से जल ज्ञान -

जम्बवाश्चो चोदग्धस्तैस्त्रिभिः शिराधो नरद्वये पूर्वा।

मृल्लोहगन्धिका पाण्डुरा च पुरुषेऽ त्र मण्डूकः॥ 8॥

जल रहित[4] स्थान (भू-भाग) में यदि जम्बू वृक्ष[5] दिखाई दे तो उससे उत्तर दिशा में तीन हाथ से आगे दो पुरुष गहरा खोदने पर पूर्व की शिरा बहती है। इस स्थान पर एक पुरुष गहरा खोदने पर लोह गन्धिका मिट्टी[6] निकलेगी, उसके बाद (नीचे खोदेन पर) पाण्डुर मिट्टी[7] निकलेगी फिर मेंढक मिलेगा।

जम्बूवृक्षस्य प्राग्वल्मीको यदि भवेत् समीपस्थः।

तत्माद्दक्षिणपार्श्वे सलिलं पुरुषद्वये स्वादु ॥9॥

अर्धपुरुषेच मत्स्यः पारावतसन्निभश्च पाषाणः।

मृद्भवति चात्र नीला दीर्ध कालं च बहु तोयम् ॥10॥

जम्बू वृक्ष[8] से पूर्व दिशा में यदि वृक्ष के समीप वल्मीक (चीटियों, कीड़ों अथवा सर्प द्वारा बनाया हुआ मिट्टी का स्तूप) हो तो जम्बू वृक्ष से दक्षिण में तीन हाथ की दूरी पर दो पुरुष गहरा खोदने पर स्वादिष्ट-मीठा जल मिलता है। ॥9॥

---

1. पुरुष शब्देन अत्र उर्ध्वबाहु पुरुषोज्ञेयः- सच विंशत्यिधिकमंगुल शंतं भवेत्, इति सर्वत्र परिभाषा। पुरुष की नाप एक सौ बीस अंगुल मानी गयी है जो ५ हाथ या 7 1/2 फुट होती है।
2. हलके पीले Yellowish white मेंढक का रंग बहुत कुछ उसके पास पड़ोस के अनुरूप हो जाता है।
3. सपाट, चपटा, Platy परतोंवाला Layered*
4. निर्जल Anhydrous
5. जामुन जामन। दो प्रकार की 1. जल जम्बुक Premna herbacea Roxb. (Verbenaceae)
   2. राज जम्बुक Eugenia jambolana Lam (Myrtaceaes)
6. लौहमय, मण्डूरवर्णी लौहकिट्टवर्णी Ferruginous
   लोहकणों (संग्रन्थनों) के साथ मिश्रित Fe Particles mixed*
7. लहकी पीली Light yellow
8. जामन, जामुन (श्लोक 8 देखें)

आधा पुरुष खोदने पर मछली मिलती है, उससे नीचे खोदने पर पारावत पक्षी[1] के समान रंग का पत्थर निकलता है, इस स्थान की मिट्टी नीले रंग[2] की होती है और इस स्थान पर दीर्घकाल (लंबे समय) तक प्रचुर (अधिक) जल रहता है।

पश्चादुदुम्बरस्य त्रिभिरेव करैर्नरद्वेये सार्धे।

पुरु षे सितोऽ हिरश्माञ्जनोपमोऽधः शिरा सुजला ॥11॥

यदि जल रहित भू-भाग (स्थान) में उदुम्बर वृक्ष[3] वल्मीक सहित अथवा वल्मीक रहित हो तो उस वृक्ष के पश्चिम में तीन हाथ दूर ढाई पुरुष गहराई पर सुजला शिरा बहती है। इस स्थान पर आधा पुरुष गहरा खोदने पर सफेद साँप[4] दिखाई देता है। फिर अंजन समान रंग[5] का पत्थर नीचे निकलता है। उसके नीचे सुजला (स्वच्छ जल की) शिरा बहती है।

अर्जुनवृक्ष से जल ज्ञानः-

उदगर्जुनस्य दृश्यो वल्मीको यदि ततोऽर्जुनाद्धस्तैः।

त्रिभिरम्बु भवति पुरुषै स्त्रिभिरर्धसमन्वितैः पश्चात् ॥12॥

श्वेता गोधार्धनरे पुरुषे मृध्दूसरा ततः कृष्णा।

पीता सिता ससिकता ततो जलं निर्दिशेदमितम् ॥13॥

अर्जुनवृक्ष[6] से उत्तर की ओर यदि वल्मीक हो तो अर्जुन वृक्ष से पश्चिम दिशा में तीन हाथ से आगे, साढ़े तीन पुरुष नीचे जल मिलेगा॥12॥

इसी स्थान पर आधा पुरुष खोदने पर सफेद गोधा[7] मिलेगी।

---

1. कबूतरवर्णी Dove colour, राख जैसे रंग-Ash Colour
2. हलकी काली Light Black, Greyish
3. गूलर, परोआ, ददुरि, काकमाल, अमर, Ficus glomerata Roxb. (Moraceae)
4. साँप सारे संसार में पाये जाते है। अभी तक लगभग 15 हज़ार जातियों का पता लगा है। साँपों की अधिकतम जातियाँ ऐसी है जो पृथ्वी पर ही रहती हैं।
5. काजल जैसा काला। Dark Black
6. अर्जुन, कोह, कहू, अंजन, कोहा, Terminalia arjuna W. & A. (Combretaceae)
7. गोह (स्थलज) जमीन पर रहने वाली, (जलज) पानी में रहने वाली, भेद से दो प्रकार की होती है। गोह की दुम लंबी और बहुत मजबूत होती है। इनमें विष नहीं होता। इनकी 6 जातियाँ होती हैं।

   गोह का दूसरा नाम गोहरा भी है। कहीं कहीं इनकी साँप की सी फटी जीभ के कारण इनको गोह साँप भी कहते हैं।

गोहः (Large Landmonitor) सारे भारत का निवासी है। गोह की पीठ की जमीन का पीलापन लिये भूरा रहता है जिस पर काली चित्तियाँ रहती हैं। इनके गाल पर एक काली धारी सी रहती है और नीचे का हिस्सा पीलापन लिये रहता है। गोह 5-6 फुट तक लंबे होते हैं।

इस स्थान पर आधा पुरुष खोदने पर सफेद गोधा मिलेगी। एक पुरुष नीचे धूसर[1] मिट्टी निकलेगी, उससे नीचे काली मिट्टी[2] काली मिट्टी से नीचे पीली मिट्टी[3] उसके बाद रेत मिली हुई[4] सफेद मिट्टी[5] निकलेगी, उसके नीचे अथाह जल होगा।12॥

निर्गुण्डी से जल ज्ञान–

> **वल्मीकोपचितायां निर्गुण्ड्यां दक्षिणेन कथितकरैः।**
>
> **पुरुषद्वये सपादे स्वादु जलं भवति चाशोष्यम् ॥14॥**
>
> **रोहितमत्स्योऽर्धनरे मृत्कपिला पाण्डुरा ततः परतः।**
>
> **सिकता सशर्कराऽथ क्रमेण परतो भवत्यम्भः ॥15॥**

वल्मीक (मिट्टी का स्तूप) से मिली हुई यदि निर्गुण्डी[6] हो तो उससे दक्षिण दिशा में तीन हाथ दूर सवा दो पुरुष नीचे खोदने पर स्वादिष्ट, कभी न सूखने (समाप्त न होने वाला) जल मिलता है।14॥

कबरा गोह (Water Moniter इसको पानी का गोह भी कहा जाता है।) इसका ऊपरी हिस्सा गाढ़ा भूरा या कालापन लिये रहता है जिस पर पीले रंग की बिंदियाँ या छल्ले रहते हैं। इनकी कनपटी पर एक काली पट्टी रहती है जो आँख से गरदन तक चली जाती है। इस पट्टी में पीला हाशिया भी रहता है और नीचे का हिस्सा भी पीला ही रहता है।

रोहित रंग[7] की अथवा रोहित जाति की मछली[8] आधा पुरुष खोदने पर मिलती है। फिर कपिला[9] मिट्टी, उसके नीचे पाण्डुरा[10] मिट्टी मिलती है, फिर नीचे छोटे कंकर ओर रोड़े मिली हुई[11] रेत आती है। उसके बाद जल निकलता है। 15॥

---

1. शुक्ल पीत मिश्रित (सफेद और पीला मिश्रित कृष्णश्वेत (काली और सफेद मिश्रित) घूसर Grey, Dust Colour.
2. Black
3. Yellow
4. Sand Mixed.
5. White
6. निर्गुण्डी सम्हालु, नाल सम्हालु, मेमडी, सिनुआ, निगोरी, मरबन, मोरा, तना, Vitex negundo L. (Verbenaceae)
7. लाल, रुधिर जैसा रंग। रक्ताम। Reddish
8. रोहित मछली के पीठ का भाग थोड़ा भूरा या नीलापन लिये होता है और पेट तथा नीचे की ओर चांदी जैसा चमकीला होता जाता है। नीचे के हिस्से में लाल खपले होते हैं। कभी हर खपले पर लाल या केसरिया रंग के निशान भी पाये जाते हैं। यह भारत की प्रमुख मछलियों में हैं।
9. बंदर जैसा रंग Monkey Colour राख जैसा रंग Ash colour
10. हलकी पीली Light yellow
11. बजरीमय, बजरीली, शितकणी Gritty

बदरी वृक्ष से जल ज्ञानः-

पूर्वेण यदि बदर्या वल्मीको दृश्यते जलं पश्चात्।

पुरुषैस्त्रिभिरादेश्यं श्वेता गृहगोधिकार्द्धनरे॥ 16॥

यदि बदरी वृक्ष[1] से पूर्व दिशा में वल्मीक (मिट्टी का स्तूप) हो तो बदरी वृक्ष के पश्चिम में तीन हाथ के बाद तीन पुरुष नीचे जल बताना चाहिये। आधा पुरुष खोदने पर सफेद गृहगोधिका[2] दिखाई देती है।[3]

पलाश और बदरी वृक्षों से जल ज्ञानः-

सपलाशा बदरी चेद्दिश्यपरस्यां ततो जलं भवति।

पुरुषत्रये सपादे पुरुषेऽत्र च दुण्डुभश्चिन्हम् ॥17॥

यदि जल रहित स्थान में पलाश वृक्ष[4] के साथ बदरी वृक्ष[5] हो, पास में वल्मीक हो या न हो तो उस बदरी वृक्ष से तीन हाथ आगे सवा तीन पुरुष नीचे जल[6] होता है। यहाँ खोदने पर एक पुरुष नीचे दुण्डुभ[7] मिलता है।

बिल्व और उदुम्बर वृक्षों से जल ज्ञानः-

बिल्वोदुम्बरयोगे विहाय हस्तत्रयं तु याम्येंन।

पुरुषैस्त्रिभिरम्बु भवेत् कृष्णोऽर्द्धनरे च मण्डूकः। 18॥

---

1. बेर का वृक्ष-कर्कन्धु अजप्रिया Ziziphus jujuba Mill. (Rhamnaceae)
2. कुड्य मत्स्या, छिपकली, पल्लिका, विस्तुय्या Lizard or Alligator छिपकलियों में कुछ तो पेड़ों पर रहती हैं और कुछ अपना समय पानी में व्यतीत करती हैं, परन्तु अधिक संख्या उन्हीं की है जिन्होंने सूखे पर रहने की आदत डालली है। छिपकलियों की खाल की बनावट साँप जैसी होती है। छिपकलियों की हमारे देश में 70 जातियाँ पाई जाती हैं।
3. सारस्वत कहते हैं कि छिपकली सफेद मिलती है और जल निर्मल होता है।
4. ढाक, टेसू, केसु, पलास, छिऊंल Butea frondosa Roxb. (Leguminosae) Butea superba Roxb.
5. बेर का वृक्ष, कर्कन्धू, अजप्रिया। Ziziphus jujuba Mill. (Rhamnaceae).
6. यह जल सुस्वादु होता है। (सारस्वत)
7. विष रहित सर्प Division Aglypha

   1.धामिन साँप Rat Snake: यह सारे भारतवर्ष में फैला हुआ है। इसकी लंबाई 5-6 फुट तक होती है। लेकिन कहीं कहीं ये 12 फुट तक के भी पाये जाते है। दुबोइया परिवार Family Viperidae के दुबोइया Russels Viper तथा फुरसा Phoorsa Saw Sealed Viper विषहीन जातियाँ हैं।

बिल्व[1] और उदुम्बर[2] जिस स्थान पर एक साथ हों (पास-पास हों) उनसे तीन हाथ दक्षिण में तीन पुरुष नीचे पानी होता है। आधा, पुरुष खोदने पर काला मेंढक[3] मिलता है।

काकोदुम्बरिका वृक्ष से जल ज्ञानः-

काकोदुम्बरिकायां बल्मीको दृश्यते शिरा तस्मिन्।

पुरुषत्रये सपादे पश्चिम दिक्स्था वहति सा च ॥19॥

आपाण्डुपीतिका मृद्गोरसवर्णश्च भवति पाषाणः।

पुरुषार्धे कुमुदनिभो दृष्टिपथं मूषको याति ॥20॥

काकोदुम्बरिका[4] जिस दिशा में दिखाई दे यदि उस दिशा में समीप ही वल्मीक (मिट्टी का स्तूप) भी हो तो उस वल्मीक में जल की शिरा होती है। सवा तीन पुरुष खोदने पर नीचे वह शिरा पश्चिम की ओर बहती मिलती है। 19।

यहाँ पहले पाण्डुरा और पीतवर्ण (पीले रंग) की मिट्टी मिलती है। फिर गोरस रंग[5] का पत्थर मिलता है। आधा पुरुष गहरा खोदने पर कुमुदबर्ण[6] का चूहा दिखाई देता है। 20॥

कम्पिल्लक वृक्ष से जल ज्ञानः-

जलपरिहीने देशे वृक्षः कम्पिल्लको यदा दृश्यः।

प्राच्यां हस्तत्रितये वहति शिरा दक्षिणा प्रथमम्।21॥

मृन्नीलोत्पल वर्णा कापोता दृश्यते ततस्तस्मिन्।

हस्तेऽजगन्धको मत्स्यकः पयोऽल्पं च सक्षारम्॥22॥

निर्जल स्थान पर जब कम्पिल्लक[7] वृक्ष दिखाई दे तो उस वृक्ष से पूर्व की ओर तीन हाथ के बाद, सवा तीन पुरुष नीचे दक्षिण शिरा बहती है।21॥

---

1. बेल, बील, बोली, बेचकचरी, बैलसोंग Aegle Marmelos (L) Correa (Rutaceae)
2. गूलर, परौआ, ददुरि, काकमाल, अमर Ficus glomerata Roxb. (Moraceae)
3. मेढक का रंग बहुत कुछ इनके पास पड़ोस के अनुरूप हो जाता है। कूड़े, मिट्टी में छिपकर रहने वाले मेंढक अधिकतर काले हो जाते हैं।
4. (अ) फल्गु, अंजीर Ficus Carica L. (Moraceae)

   (ब) कठूमर, कोठाडूमर कठगूलर, तरमिला, गोबला, भुदोई Ficus hispida L.F.
5. दूध जैसा सफेद Milky White
6. सफेद कमल, कपूर।
7. कमीला, कबीला, कपीला, सैरिया, कमूद, रोहिनी, रोरी, सिन्दूरी, रेनी।

   Malletus philippinensis Muell. (Eupherbiaceae)

यहाँ पहले नीलोत्पल[1] रंग की मिट्टी निकलती है फिर नीचे खोदने पर कपोत[2] रंग की मिट्टी निकलती है। एक हाथ नीचे खोदने पर अज[3] की गंध के समान गंध वाली मछली दिखाई देती है। उससे नीचे थोड़ा जल निकलता है, जो क्षारयुक्त[4] होता है।22॥

शोणाक वृक्ष से जल ज्ञानः-

शोणाकतरोरपरोत्तरे, शिरा द्वौ करावतिक्रम्य।

कुमुदानाम शिरा सा, पुरूषत्रयवाहिनी भवति। 23॥

जलहीन स्थान में जहाँ शोणाकवृक्ष[5] दिखाई दे तो उस वृक्ष से वायव्य दिशा (पश्चिम और उत्तर के मध्य) में दो हाथ से आगे कुमुदा नाम की शिरा, तीन पुरुष नीचे बहती है। तीन पुरुष खोदने पर पानी मिलता है।23॥

विभीतक वृक्ष से जल ज्ञानः-

आसन्नो वल्मीको दक्षिणपार्श्वे विभीतकस्य यदि।

अध्यर्धे भवति शिरा पुरुषे ज्ञेया दिशि प्राच्याम्॥24॥

यदि विभीतक वृक्ष[6] के दक्षिण में पास ही वल्मीक हो तो उस विभीतक वृक्ष के पूर्व में दो हाथ से आगे आधा पुरुष नीचे जल की शिरा है। (जल मिलेगा)॥24॥

तस्यैव पश्चिमायां दिशि वल्मीको यदा भवेद्धस्ते।

तत्रोदग्भवति शिरा चतुर्भिरर्धाधिकैः पुरुषैः।25॥

श्वेतो विश्वम्भरकः प्रथमे पुरुषे तु कुङ्कुमाभोऽश्मा।

अपरस्यां दिशि च शिरा नश्यति वर्षत्रयेऽतीते॥26॥

जब विभीतक वृक्ष से पश्चिम दिशा में वल्मीक हो तो उस विभीतक वृक्ष से उत्तर में एक हाथ आगे साढ़े चार पुरुष नीचे जल की शिरा होती है।25॥

---

1. नील कमल, हलका धूसर। Light Grey
2. कबूतर के रंग जैसी। राख जैसी Ash Colour
3. अज-(बकरा अथवा मेढ़ा)

   अजगन्धक मछली- संभवतः चिकने शरीर की होती है जिसका मुंह कुछ-कुछ बकरे जैसा दिखाई देता है। यह मछली कीचड़ जैसे पानी में मिलती है। इस प्रकार की मछलियां जो भारत में मिलती हैं वे हैं– सिंधी, मागुर, सिलन और सोल।
4. नमकीन या क्षार Alkali लिबलिबा, नमकीन कुछ कड़वापन लिये।
5. सोनापाठी, अरलू, टेंटू। Oroxylum indicum Vent. (Bignoniaceae)
6. बहेड़ा, बहेरा, भैरा, बिरहा, गुल्ला Terminalia belerica Roxb.

एक पुरुष खोदने पर सफेद विश्वम्भरक[1] दिखाई देता है। नीचे खोदने पर कुंकुमकान्ति[2] का पत्थर निकलता है। फिर नीचे पश्चिम दिशा में जल की शिरा बहती मिलती है। यह शिरा तीन साल के बाद समाप्त हो जाती है। (उससे जल नहीं मिलता)।26॥

कोविदार वृक्ष से जल ज्ञानः-

सकुशासित ऐशान्यां वल्मीको यत्र कोविदारस्य।

मध्ये तयोर्नरैरर्धपंचमैस्तोयमक्षोम्यम् ॥27॥

प्रथमे पुरुषे भुजगः कमलोदरसन्निभे महीरक्ता।

कुरुविन्दः पाषाणश्चिन्हान्यैतानि वाच्यानि।28॥

जिस स्थान पर सफेद कोविदार वृक्ष[3] से ईशान दिशा (पूर्व और उत्तर दिशा के बीच में) कुशा[4] सहित वल्मीक हो तो उस कोविदार वृक्ष और वल्मीक के बीच में साढ़े चार पुरुष नीचे स्थिर (अधिक) जल मिलता है। 27॥

इस स्थान पर एक पुरुष खोदने पर कमल पुष्प के उदर (मध्य) के समान रंग का (गुलाबी) सर्प मिलता है। फिर नीचे खोदने पर रक्त (लाल)[5] मिट्टी मिलती है, उसके नीचे कुरूविन्द[6] (लाल पत्थर) फिर जल निकलता है।28॥

सप्तपर्ण से जल ज्ञानः-

यदि भवति सप्तपर्णो वल्मीक वृतस्तदुत्तरे तोयम्॥

वाच्यं पुरुषैः पञ्चभिरत्रापि भवन्ति चिन्हानि॥29॥

पुरुषार्धे मण्डूको हरितो हरितालसन्निभाभूश्च।

पाषाणोऽभ्रनिकाशः सौम्या च शिरा शुभाम्बुवहा॥30॥

---

1. एक प्रकार का बिच्छू अथवा बिच्छू सदृश कोई जीव। हमारे यहाँ काले भूरे रंग के बिच्छू पाये जाते हैं। भूरे रंग के बिच्छू 2-3 इंच के और काले 8-9 इंच तक के पाये जाते हैं। ये बहुत डरपोक और छिपकर रहने वाले जीव हैं जिन्हें दिन की रोशनी ज़रा भी नहीं भाती। इसी कारण ये प्रायः घरों में, बिलों में, ईंट पत्थर या मिट्टी के ढेरों में रहकर अपना समय बिताया करते हैं। रेतीली या भुरभुरी मिट्टी में अपने पैरों से काफी गहरे बिल खोद डालते हैं।
2. केसरिया रंग की चमक वाला Chaleopurite
3. कचनार सफेद Bauhinia acuminata L. (Leguminosae)
4. दर्भ, कुश, डाभ, दबोली Eragrostis cynosuroides beauv. (Gramineae)
5. रक्ताभ Reddish.
6. पद्मरागमणि, माणक, मानिक।

   (अ) कौटिल्य ने माणिक पाँच प्रकार का बताया हैः-

   सौगन्धिक (पद्मरागोनवद्यराग) पारिजात पुष्पको बालसूर्यकः। सौगन्धिक (सौगन्धिक नामक कमल के समान रंगवाला। यह कमल साधारणतया सायंकाल के समय खिलता है, इसका रंग कुछ नीलेपन को लिए हुए लाल होता है। पद्मरांग (पद्म के समान रंगवाला) अनवद्यराग (अनवद्य केसर को कहते हैं, केसर की तरह रंगवाला) पारिजात पुष्पक (पारिजात के फूल के सामन रंग वाला) तथा बाल सूर्यक (उदय होते हुए सूर्य के समान अरुण रंग का)।

यदि सप्तपर्ण[1] का वृक्ष वल्मीक[2] से मिला हुआ या पास में हो तो उस वृक्ष के उत्तर में एक हाथ से आगे पांच पुरुष नीचे पानी होता है। यहाँ भी ये चिह्न होते हैं।29॥

आधा पुरुष नीचे हरे रंग का मेंढक[3] और हरिताल के रंग[4] की भूमि होती है फिर नीचे अभ्र[5] वर्ण का पत्थर होता है। उसके नीचे मीठे जल वाली सौम्या शिरा बहती है।

मेंढक द्वारा जल ज्ञान-

सर्वेषां वृक्षाणामघः स्थितो ददुरो यदा दृश्यः।

तस्माद्धस्ते तोयं चतुर्भिरर्धाधिकैः पुरूषैः ।31॥

पुरूषेतु भवति नकुलो नीलामृत् पीतिका ततःश्वेता।

दर्दुरसमानरूपः पाषाणों दृश्यतेचात्र ।32॥

जिस किसी भी वृक्ष के नीचे यदि मेंढक रहता हुआ दिखाई दे तो उस वृक्ष के उत्तर की ओर एक हाथ की दूरी पर साढ़े चार पुरुष नीचे पानी मिलता है।31॥

इस स्थान पर एक पुरुष खोदने पर नकुल (नेवला)[6] रहता है, यहाँ नीली मिट्टी[7] मिलती है, उसके नीचे क्रमशः पीली फिर सफेद। सफेद मिट्टी के नीचे मेंढक के समान (रंग का) पत्थर निकलेगा और उसके नीचे पानी होगा।

करंज वृक्ष से जल ज्ञान–

यद्यहि निलयो दृश्यो दक्षिणतः संस्थितः करंजस्य।

हस्तद्वये तु याम्ये पुरुषत्रितये शिरा सार्धे।33॥

कच्छपकः पुरुषार्द्धे प्रथमं चोद्भिद्यते शिरा पूर्वा।

उदगन्या स्वादुजला हरितोऽश्माधस्ततस्तोयम् ।34॥

---

1. छितवन, सतोना, सतवन, शैतानी, झांड, Alstonia scholaris Brown. (Apocynaceae)
2. एक विद्वान ने वल्मीक के स्थान पर सर्पगृह कहा है।
3. गोपाल मेंढक Bull Frog की पीठ का रंग भूरा गंदा हरा या जेतूनी रहता है। मेंढकी Slim Frog इसके शरीर का ऊपरी हिस्सा हरापन लिये जेतूनी रहता है। जिस पर गहरे रंग की चित्तियां रहती हैं।
4. नींबू जैसी पीली। Lemon yellow
5. अभ्रक Mica स्वर्ण Gold कपूर Camphor, मेघ, आकाश।
6. नेवला भूमि में बिल बनाकर रहता है। यह बिलों में घुस कर चूहों और सांपों को मार डालता है।
7. हलकी काली Light Black, Greyish

यदि करंज[1] वृक्ष के दक्षिण में सर्प का घर (वल्मीक) हो तो करंज वृक्ष से दक्षिण में दो हाथ के बाद साढ़े तीन पुरुष नीचे जल की शिरा मिलती है। जल निकलता है।33॥

इस स्थान पर आधा पुरुष खोदने पर कछुआ[2] दिखाई देता है। पहिले पूर्वा शिरा-पूर्व दिशा की ओर से दिखाई देती है फिर दूसरी उत्तर दिशा की शिरा मिलती है जिसका जल स्वादिष्ट होता है। नीचे हरे रंग[3] का पत्थर निकलता है, इसके नीचे जल होता है।35॥

महुए से जल ज्ञान–

उत्तरतश्च मधूकादहिनिलयः पश्चिमे तरोस्तोयम्।

परिहृत्य पंच हस्तानर्धाष्टमपौरुषान् प्रथमम्।35॥

अहिराजः पुरुषेऽस्मिन् धुम्रा धात्री कुलुत्थवर्णोऽश्मा।

माहेन्द्री भवति शिरा वहति सफेनं सदा तोयम्। ॥36॥

मधूक[4] वृक्ष से उत्तर दिशा में यदि सर्पगृह (वल्मीक) दिखाई दे तो उस मधूक वृक्ष से पश्चिम दिशा में पाँच हाथ से आगे, साढ़े आठ पुरुष नीचे खोदने पर जल मिलेगा॥35॥

एक पुरुष नीचे खोदने पर सर्पराज[5] दिखाई देंगे। फिर धूम्रा[6] भूमि मिलेगी। फिर नीचे खोदने पर कुलुत्थ[7] रंग का पत्थर मिलेगा। फिर पूर्व दिशा की ओर से आने वाली जल की शिरा मिलेगी इसका नाम माहेन्द्री है। इस शिरा से फेनयुक्त जल सदा मिलता रहता है। 36॥

तिलक वृक्ष से जल ज्ञान–

वल्मीकः स्निग्धो दक्षिणेन तिलकस्य सकुशदूर्वश्चेत्।

पुरुषैः पंचभिरम्भो दिशि-वारुण्यं शिरा पूर्वा ।37॥

---

1. करंज, किरमाल, डिठोरी, करूअनी, सुखचेन Pongamia pinnata (L) Pierre (Leguminosae), P. glabra vent.

2. कछुए जल में रहने वाले जीव हैं लेकिन इनमें से कुछ जातियाँ ऐसी भी हैं जो सूखे में रह लेती हैं। कुछ कछुए ऐसे भी हैं जिन्हें दलदल या सूखे स्थान ही पसंद आते हैं।

3. Glauconite, Chlorite

4. महुआ, महुवा, Madhuca indica Gmel. Bassia latifolia Rocxb. (Sapotaceae)

5. नागराज King Cobra नागराज हमारे देश में केवल दक्षिणी भारत, उड़ीसा, बंगाल और मद्रास की ओर पाया जाता है। इसकी लंबाई 8 से 12 फुट तक होती है। कहीं 15 फुट से भी बड़ा होता है।

6. धूम्रा रक्तश्यामा, Greyish Brown धुएं जैसीं Smokey

7. कुलथी, खरथी, कुलट, गराहट Dolichos biflorus L. (Leguminosae)

हलका गुलाबी रंग, मौक्तिक रंग, Pearly.

तिलक वृक्ष[1] से दक्षिण दिशा में चिकना, कुशा और दूर्वा[2] से युक्त वल्मीक हो तो तिलक वृक्ष से पश्चिम दिशा में पाँच हाथ के बाद, पाँच पुरुष नीचे जल होता है, इनमें पूर्वा शिरा होती है। 37॥

कदम्ब से जल ज्ञान–

सर्पावासः पश्चाद्यदा कदम्बस्य दक्षिणेन जलम्।

परतो हस्तत्रितयात् षडभिः पुरुषैस्तुरीयोनैः।38।

कौबेरी चात्र शिरा वहति जलं लौहगन्धि चाक्षोभ्यम्।

कनक निभो मण्डूको नरमात्रे मृत्तिका पीता।39॥

यदि कदम्ब वृक्ष[3] से पश्चिम दिशा में सर्प का निवास (वल्मीक) हो तो उस वृक्ष से दक्षिण दिशा में तीन हाथ आगे पौने छः पुरुष नीचे जल मिलता है।38॥

इस स्थान पर कौबेरी नाम की उत्तरा शिरा बहती है जिसमें लौह गन्ध[4] युक्त अगाध जल रहता है। एक पुरुष खोदने पर सुवर्ण (सोना) के समान (पीला चमकदार) मेंढक[5] मिलता है, मिट्टी पीता (पीली) निकलती है। 39॥

ताड़ और नारियल से जल ज्ञान–

वल्मीक संवृतो यदि तालो वा भवति नालिकेरो वा।

पश्चात् षड्भिर्हस्तैर्नरैश्चतुर्भिः शिरा याम्या॥40॥

यदि वल्मीक से मिला हुआ तालवृक्ष[6] हो अथवा नालिकेर वृक्ष[7] हो तो उस ताल अथवा नालिकेर वृक्ष से पश्चिम दिशा में छः हाथ से आगे चार पुरुष नीचे दक्षिणा शिरा बहती है। इस शिरा से जल मिलता है।40॥

---

1. तिलक, पुष्पा, Ciburnum prunifulimn.
2. हरी दूबा, दूबड़ा, सफेद दूबा, Cynodon dactylon Pers. (Gramineae)
3. कदम, कदम्ब नीप Anthocephalus indicus A. Rich/A. candamba Miq. (Naucleaceae)
4. लौहमय, Ferruginous, Feparticles mixed लौहसंग्रन्थनों (कणों) के साथ मिश्रित।
5. पानी के निकट रहने के कारण मेंढकों का रंग पीलापन लिये होता है।
   जब ऐसा मेंढक मिले तो समझना चाहिए कि पानी निकट है।
6. ताड़ Borassus flabellifer L. (Palmae) 'Palmyra palm'
7. नारियल, खोपरा, गोला, खोपा, श्रीफल-वृक्ष Cocos nucifera L. (Palmae) 'Coconut'

कपित्थ वृक्ष से जल ज्ञान–

याम्येन कपित्थस्याहि संश्रयश्चेदुदग्जलं वाच्यम्।

सप्त परित्यज्य करान् खात्वा पुरुषान् जलं पंच ।41॥

कर्बुरकोऽहिः पुरुषे कृष्णा मृत् पुटभिदपि च पाषाणः।

श्वेता मृत् पश्चिमतः शिरा ततश्चोत्तरा भवति॥42॥

कपित्थ वृक्ष[1] के दक्षिण में यदि सर्प का घर (वल्मीक) हो तो कपित्थ वृक्ष से उत्तर की ओर सात हाथ छोड़कर आगे पाँच पुरुष नीचे जल बताना चाहिए।41॥

इस स्थान पर एक पुरुष खोदने पर कर्बुरक[2] साँप रहता है। यहाँ काली मिट्टी होती है, उसके नीचे पुटभित[3] पत्थर निकलता है, उसके नीचे सफेद मिट्टी। नीचे पश्चिम दिशा में एक शिरा होती है, उससे नीचे खोदने पर उत्तर शिरा मिलती है। दोनों शिराओं से जल आता है। 42॥

अश्मन्तक वृक्ष से जल ज्ञान-

अश्मन्तकस्य वामे बदरी वा दृश्यतेऽहि निलयो वा।

षड्भिरुदक् तस्य करैः सार्धे पुरुषत्रये तोयम् । 43॥

कूर्मः प्रथमे पुरुषे पाषाणो घूसरः ससिकता मृत।

आदौ च शिरा याम्या पूर्वोत्तरतो द्वितीया च॥44॥

अश्मन्तक वृक्ष[4] के बाईं और बदरी वृक्ष[5] अथवा सर्प का आवास (वल्मीक) दिखाई दे तो उस वृक्ष से उत्तर दिशा में छह हाथ आगे, साढ़े तीन पुरुष नीचे जल रहता है।43॥

इस स्थान पर एक पुरुष नीचे खोदने पर कछुआ दिखाई देता है फिर घूसर रंग[6] का पत्थर, उसके नीचे रेत सहित मिट्टी मिलती है। इस स्थान पर पहिले दक्षिणा शिरा (दक्षिण दिशा की ओर से आने वाली जल की धारा) दूसरी ईशानी शिरा (उत्तर पूर्व के मध्य ईशान दिशा से आने वाली जल की धारा) निकलती है।44॥

---

1. केथ, केत, कबीर, Feronia elephantum Corr. (Rutaceae) इस वृक्ष का फल वानर को अतिप्रिय होता है।
2. रंग बिरंगा। चितकबरा। धब्बों वाला Variegated
3. पुटदार पत्थर, सपाट, चपटा Platy, Layered
4. कट महुली, कचनार भेद, झिंझा, झिझोरी, सिरहटा, असिमिलोरा, पापड़ी Bauhinia racemosa Lam. (Leguminosae)
5. बेर Ziziphus jujuba Mill. (Rhamnaceae)
6. कृष्णश्वेत (काला सफेद) सफेद पीला मिश्रित, Greyish राख के रंग का Ash colour

हरिद्र वृक्ष से जल ज्ञान–

> वामेन हरिद्रतरोर्वल्मीकश्चेज्जलं भवति पूर्वे।
> हस्तत्रितये सत्र्यंशैः पुम्भिः पंचभिर्भवति। 45॥
> नीलो भुजगः पुरुषे मृत् पीता मरकतोपमश्चाश्मा।
> कृष्णा भूः प्रथमं वारुणी शिरा दक्षिणेनान्या।46॥

हरिद्र वृक्ष[1] की बाईं ओर यदि वल्मीक हो तो उस वृक्ष से पूर्व दिशा में तीन हाथ से आगे पौने छह पुरुष नीचे जल मिलता है।45॥

एक पुरुष खोदने पर नीला साँप दिखाई देता है। फिर पीता[2] मिट्टी फिर मरकत के समान[3] पत्थर, उसके नीचे काली मिट्टी मिलती है। यहाँ पहिले वारूणी शिरा[4] मिलती है फिर दूसरी शिरा दक्षिण की ओर से आने वाली मिलती है। इन दोनों शिराओं से जल मिलता है। 46॥

जल रहित देश में जल का ज्ञान–

> जलपरिहीने देशे दृश्यन्तेऽनूपजानि चेन्निमित्तानि।
> वीरणदूर्वा मृदवश्च यत्र तस्मिन् जलं पुरुषे। 47॥
> भार्ङ्गी त्रिवृता दन्ती सूकरपादी च लक्ष्मणा चैव।
> नवमालिका च हस्तद्वयेऽम्बु याम्ये त्रिभिः पुरुषैः 48॥

जल रहित स्थान में जब ऐसे वृक्ष (वनस्पति) दिखाई दें जो अनूप (बहुत जल वाले) स्थानों में होते हैं तथा वीरण[5] और दूर्वा[6] जहाँ अत्यन्त मृदु (कोमल) हों वहाँ एक पुरुष नीचे जल मिलता है।47॥

भार्ङ्गी[7] त्रिवृता[8] दन्ती[9] सूकर पादी[10] लक्ष्मणा[11] और नवमालिका[12] जिस स्थान पर हों वहाँ इन वनस्पतियों से दक्षिण दिशा में दो हाथ से आगे, खोदने पर तीन पुरुष नीचे जल मिलता है।48॥

---

1. हलदुआ, हरदा, हल्दू, हलदू, हलटूकदमी Adina Cardifolia.
2. पीली Yellow
3. हरे रंग का, पन्ने के समान चमकदार Emerald Green
4. पश्चिम से आने वाली जल की धारा (झिर)
5. खस, गांडर की गड़, पन्नि, वीरणमूल Andropogon muricatus Retz. (Gramineae)
6. हरीदूब, दूबड़ा सफेद दूब Cynodon dactylon Pers. (Gramineae)
7. भार्गी, भारंगी Clerodendron siphonanthus. B (Verbenaceae)/Clerodendrum L.
8. निसौथ, पितोहरी, चितष, ऊस, नाकपतर, पनिलर Operculina terpethum (L S. Manso (Convolvulaceae)
9. दन्तीछोटी, जमालगोटा, त्रिफला, हाकनी। Baliospermum montanum Muell. (Euphorbiaceae)
10. सुअरासेम, कालीसेम, बड़ा सेम, Canavalia ensiformis (L.) Dc. (Euphorbiaceae)
11. लक्ष्मणा, बनकलमी Ipomoea sepiaria Koen. (convolvulaceae)
12. नवमल्लिका, मोगरा, बेला Jasminum sambac Ait. (Oleaceae)

समीप और दूर जल बताने वाले वृक्ष–

स्निग्धाः प्रलम्बशाखा वामनविकट द्रुमाः समीपजलाः।

सुषिरा जर्जरपत्रा रूक्षाश्च जलेन सन्त्यक्ताः ।49॥

चिकने, लम्बी शाखाओं वाले, बहुत कम ऊँचे, बहुत फैले हुए जो वृक्ष होते हैं वे सभी समीप जल वाले होते हैं, इनके पास (कम गहराई पर) जल रहता है। तथा जो वृक्ष सुषिर (पत्तों में जिनके छेद हों) जर्जर पत्र (बुरे रंग के पत्तों वाले) रूक्ष (रूखे) होते हैं उनके पास (नीचे) जल नहीं होता ।49॥

तिलकाम्रातक वरुणक भल्लातक बिल्व तिन्दुकङ्कोलाः।

पिण्डारशिरीषांजनपरूषका वञ्जुलोऽतिबला॥50॥

एते यदि सुस्निग्धा वल्मीकैः परिवृतास्ततस्तोयम्।

हस्तैस्त्रिभिरुत्तरश्चतुर्भिरर्धेन च नरेण । 51॥

तिलक[1] आम्रातक[2] वरुणक[3] भल्लातक[4] बिल्व[5] तिन्दुक[6] अङ्कोल[7] पिण्डार[8] शिरीष[9] अंजन[10] परूषक[11] वंजुल[12] और अतिबला[13], यदि ये वृक्ष स्निग्ध (चिकने) हों और वल्मीक से लगे हुए हों (पास में वल्मीक हो) तो इन वृक्षों से तीन हाथ से आगे उत्तर दिशा में साढ़े चार पुरुष नीचे जल होता है।

---

1. तिलक, पुष्पा, Ciburnum prunifuliumn.
2. आम्बाड़ा, अम्बड़ा, अमरा, Sdondias mangifera Willd. (Anacardiaceae)
3. वरुण, बरना, वरुणा, बिदासी, बिलिआना Crataeva religiosa forst. (Capparidaceae)
4. भिलावां, भिलामा, भेला, भिलौरा, Semecarpus anacardium L. (Anacardiaceae)
5. बेल, बिल, बील, बोलो, बेलसोंग, बेलकचरी Aegle marmelos (L) Corr
6. तेंदू, तिन्द, केदेगाव Diospyros embryopteris Pers. (Ebenaceae)
7. अंकोल, अकोसर, अकोड़, ढेरा, अकोला Alangium lamarckli Two. (Alanngiaceae)
8. पिण्डार, तुम्री, भिलोर, घवलमेड़, गुम्हार खमारा, Triwia nudiflora L. (Euphorbiaceae)
9. सिरस, सिरीस, कालासिरस, Albizzia lebbeck (L.) Benth. (Leguminosae)
10. अञ्जन, Hardwickia binata Roxb. (Leguminosae) अन्जनी, Memecylon edule Roxb. (Memecylaceae)
11. फालसा, पुरुषा, धामिल, फरसिया, Grewia asiatica L. (Tiliaceae)
12. अशोक, Jonesia asoka Roxb./ Saraca indica L (Leguminosae) तिनिश-तिरिच Eugenia dalbergia Odes. (Myrtaceae)
13. कंघो, कघई, ककही, पीलीबूटी, डाबी Abutilon indicum G. Don. (Malvaceae)

घास से जल और धन का ज्ञान–

अतृणे सतृणा यस्मिन् सतृणे तृणवर्जिता मही यत्र।

तस्मिन् शिरा प्रदिष्टा वक्तव्यंवा धनं चास्मिन्।52॥

जिस अतृण (घास रहित) प्रदेश में कुछ भूमि सतृण (घास सहित) दिखाई दे तथा जिस सतृण (घास सहित) प्रदेश में कुछ भूमि अतृण (घास रहित) दिखाई दे तो उस स्थान पर नीचे जल की शिरा है, अर्थात् जल है। उस स्थान पर नीचे धन है यह भी कहा जा सकता है।52॥[1]

काँटे वाले और बिना काँटे वाले वृक्षों से जल और धन का ज्ञान–

कण्टक्यकण्टकानां व्यत्यासेऽम्भस्त्रिभिः करैः पश्चात्।

खात्वा पुरुषत्रितयं त्रिभागयुक्तं घनं वा स्यात्।53॥

जहाँ कन्टकि वृक्ष (काँटेदार वृक्ष[2]) अकण्टकि वृक्षों (बिना काँटे वाले वृक्षों) के बीच हो (साथ हो), अथवा कण्टकि (काँटेदार) वृक्षों के बीच (साथ) में एक अकण्टकि (बिना काँटे वाला) वृक्ष हो तो उस एक वृक्ष से पश्चिम दिशा में तीन हाथ से आगे पौने चार पुरुष नीचे खोदने पर जल मिलेगा अथवा धन होगा। 53॥

भूमि ताड़न से जल का ज्ञान–

नदति मही गम्भीरं यस्मिंश्चरणाहता जलं तस्मिन्।

सार्धैस्त्रिभिर्मनुष्यैः कौबेरी तत्र च शिरास्यात् । 54॥

भूमि को पैर से मारने पर जिस स्थान पर गम्भीर, मधुर शब्द निकले उस स्थान पर साढ़े तीन पुरुष नीचे कौबेरी नाम की उत्तर दिशा से आने वाली शिरा होती है। वहाँ जल होता ही है।54॥

वृक्ष की शाखा से जल ज्ञान-

वृक्षस्यैका शाखा यदि विनता भवति पाण्डुरा वा स्यात्।

विज्ञातव्यं शाखातले जल त्रिपुरुषं खात्वा॥55॥

यदि किसी वृक्ष की एक शाखा अधिक झुकी हुई हो अथवा पाण्डुर रंग[3] की हो तो उस शाखा के ही नीचे तीन पुरुष गहरा खोदने पर जल मिलता है। 55॥

---

1. कुछ विद्वानों का कहना है कि इस श्लोक के साथ पिछले श्लोक की अनुवृत्ति करना चाहिये अर्थात् जल या धन साढ़े चार पुरुष नीचे हैं यह इस श्लोक के साथ ही जोड़ना चाहिए।
2. खदिर (खेर) आदि।
3. हलकी पीली। Light yellow

फल और पुष्पों से जल ज्ञान–

फलकुसुम-विकारो यस्य तस्य पूर्वे शिरा त्रिभिर्हस्तैः।

भवति पुरुषैश्चतुर्भिः पाषाणोऽधः क्षितिः पीता।56॥

जिस वृक्ष के फलों में, पुष्पों में विकार (विकृति, बिगाड़) आ जावे उस वृक्ष से पूर्व दिशा में तीन हाथ से आगे चार पुरुष नीचे शिरा होती है, नीचे पत्थर निकलता है और भूमि (मिट्टी) पीता (पीली) होती है।56॥

कटेरी से जल ज्ञान–

यदि कण्टकारिका कष्टकैर्विना दृश्यते सितैः कुसुमैः।

तस्यास्तलेऽम्बुवाच्यं त्रिभिर्नरैरर्धपुरुषे च । 57॥

यदि कण्टकारिका[1] कण्टकों के बिना (काँटों रहित) हो और वह सफेद पुष्पों वाली हो तो उस कण्टकारिका के तले साढ़े तीन पुरुष नीचे जल है यह कहना चाहिये।

खजूर से जल ज्ञान-

खर्जूरी द्विशिरस्का यत्र भवेज्जलविवर्जिते देशे।

तस्याः पश्चिम भागे निर्देश्यं त्रिपुरुषैर्वारि। 58॥

जिस जलहीन स्थान में दो सिर वाली खर्जुरी[2] हो तो उस खर्जूरी के पश्चिम में दो हाथ से आगे तीन पुरुष नीचे खोदने पर जल मिलेगा यह बताना चाहिये।

कर्णिकार से जल ज्ञान–

यदि भवति कर्णिकारः सितकुसुमः स्यात् पलाश वृक्षो वा।

सव्येन तत्र हस्तद्वयेऽम्बु पुरुषद्वये भवति ।59॥

कर्णिकार[3] का वृक्ष यदि सफेद फूलों वाला हो अथवा पलाश[4] वृक्ष सफेद फूलों वाला हो तो उस वृक्ष (कर्णिकार अथवा पलाश) दक्षिण में दो हाथ आगे दो पुरुष नीचे भूमि में जल रहता है। 59॥

---

1. निर्दिग्धिका, कण्टकारि, कटेरी, कटाई (छोटी) भटकटैया, कटाली Solanum surattense Burm.f/ S. xanthocarpum Schrad & Wendl. (Solanaceae)
2. खजूरी, खजूरा, देशी खजूर, जंगली खजूर, सालमा। Phoenix sylvestris (L) Roxb. (Palmae)
3. कनक चम्पा, कठचम्पा, कनियार, Pterospermum acerifolium Will.
4. ढाक, टेसू, केसु, पलास, छिऊल, Butea frondosa Roxb. (Leguminosae)

धुएँ और भाप से जल ज्ञान—

यस्यामूष्मा धात्र्यां धूमो वा तत्र वारि नरयुगले।

निर्देष्टव्या च शिरा महता तोयप्रवाहेण । 60॥

जिस भूमि में गर्मी हो अथवा धुआँ अथवा भाप (वाष्प) निकलती दिखाई दे तो उस भूमि में दो पुरुष नीचे तेज प्रवाह वाली जल की शिरा है, यह बताना चाहिये।60॥

धान्य से जल ज्ञान—

यस्मिन् क्षेत्रोद्देशे जातं सस्यं विनाशमुपयाति।

स्निग्धमति पांडुरं वा महाशिरा नरयुगे तत्र ।61॥

जिस खेत में ऊगे हुए अनाज का विनाश हो जाता है, अथवा जिस खेत में स्निग्ध[1] (चिकना) अनाज बहुत होता है, अथवा अनाज अति पाण्डुर (अधिक पीला) होता है, उस खेत में दो पुरुष नीचे महाशिरा (बहुत जल वाली शिरा) होती है। 61॥

मरूभूमि (रेगिस्तान) में शिराओं का ज्ञान-

मरुदेशे भवति शिरा यथा तथातः परं प्रवक्ष्यामि।

ग्रीवा करभाणामिव भूतल संस्थाः शिरा यान्ति ।62॥

मरुभूमि (रेगिस्तान) में जिस तरह जल की शिराएँ होती हैं वह अब बतलाता हूँ। ऊँट की गर्दन जिस प्रकार टेढ़ी होती है उसी प्रकार मरुभूमि में जल की शिराएँ टेढ़ी और अधिक नीचे होती हैं। 62॥

पीलू वृक्ष से शिरा ज्ञान-

पूर्वोत्तरेण पीलोर्यदि वल्मीको जलं भवति पश्चात्।

उत्तरगमना च शिरा विज्ञेया पंचभिः पुरुषैः। 63॥

चिन्हं दर्दुर आदौ मृत् कपिला तत्परं भवेद्धरिता।

भवति च पुरुषेऽघोऽश्मा तस्य तलेऽम्भो विनिर्देश्यम् ।64॥

---

1. स्निग्ध का अर्थ एक टीकाकार कर्न Kern ने पतला किया है। स्निग्ध का तात्पर्य अच्छी फसल उपयुक्त जान पड़ता है।

यदि पीलू वृक्ष[1] से ईशान दिशा (पूर्व और उत्तर के बीच वल्मीक (मिट्टी का स्तूप) हो तो उस पीलू वृक्ष से पश्चिम दिशा में साढ़े चार हाथ से आगे पाँच पुरुष नीचे जल होता है। यहाँ उत्तर गमना (उत्तर दिशा की ओर जाने वाली) शिरा होती है।63॥

इस स्थान पर खोदने पर एक पुरुष नीचे मेंढक मिलता है, फिर कपिला[2] मिट्टी मिलती है, उसके नीचे हरिता[3] मिट्टी होती है। उसके नीचे पत्थर रहता है। पत्थर के नीचे जल है, यह कहना चाहिए। 64॥[4]

पीले वृक्ष से जल ज्ञान-

पीलोरेव प्राच्यां वल्मीकोऽतोऽर्ध पंचमैर्हस्तैः।

दिशियाम्यां तोयं वक्तव्यं सप्तभिः पुरुषैः॥ 65॥

प्रथमे पुरुषे भुजगः सिता सितो हस्तमात्रमूर्तिश्च।

दक्षिणतो वहति शिरा सक्षारं-भूरि पानीयम्।66॥

पीलू वृक्ष[5] से पूर्व में यदि वल्मीक दिखाई दे तो इस पीलू वृक्ष से दक्षिण दिशा में साढ़े चार हाथ से आगे सात पुरूष नीचे जल बताना चाहिए।65॥

इस स्थान पर एक पुरुष नीचे खोदने पर काले ओर सफेद रंग का एक हाथ लंबा साँप दिखाई देता है। दक्षिण दिशा में क्षारयुक्त[6] जल की शिरा बहती है।66॥

करीर वृक्ष से जल ज्ञान-

उत्तरतश्च करीरस्याहिगृहं दक्षिणे जलं स्वादु।

दशभिः पुरुषैर्ज्ञेयं पुरुषे पीतोऽत्र मंडुकः। 67॥

करीर वृक्ष[7] से उत्तर की ओर यदि सर्प गृह (वल्मीक) दिखाई दे तो उस करीर वृक्ष से दक्षिण दिशा में साढ़े चार हाथ आगे दस पुरुष नीचे स्वादिष्ट जल मिलता है। इस स्थान पर खुदाई आरंभ करने पर एक पुरुष नीचे पीला मेंढ़क मिलता है।67॥

1-5. पीलु, छोटा पीलु, झल, झाल, Salvadora persica L. (Salvadoraceae)

2. राख के रंग की Ash colour बंदर जैसा रंग Monkey Colour

3. Greyis Black,Green.

4. इस स्थान पर जो शिरा होती है वह सोम्य शिरा है। सारस्वत।

6. लिबलिबा नमकीन-कुछ कड़वापन लिये। Alkali

7. करील, केर, करिया, टेटी, कचढ़, कूर, पेंचू, सेत Capparis aphylla Roth. (Capparidaceae)

रोहितक वृक्ष से जल ज्ञान-

रोहीतकस्य पश्चादहिवासश्चेत्त्रिभि करैर्याम्ये।

द्वादश पुरुषान् खात्वा सक्षारा पश्चिमेन शिरा । 68॥

रोहीतक वृक्ष[1] से पश्चिम दिशा में यदि सर्प गृह (वल्मीक) हो तो रोहीतक वृक्ष से दक्षिण में तीन हाथ से आगे बारह (12) पुरुष नीचे खोदने पर क्षारयुक्त (खारे) पानी की शिरा पश्चिम की तरफ बहती मिलती है। 68॥

इन्द्र वृक्ष से जल ज्ञान–

इन्द्रतरोर्वल्मीकः प्राग्दृश्यः पश्चिमे शिरा हस्ते।

खात्वा चतुर्दश नरान् कपिला गोधा नरे प्रथमे। 69॥

इन्द्र वृक्ष[2] से पूर्व दिशा में यदि वल्मीक दिखाई दे तो उस इन्द्र वृक्ष के पश्चिम में एक हाथ से आगे चौदह (14) पुरुष नीचे जल की शिरा रहती है। एक पुरुष खोदने पर कपिला[3] रंग की गोधा[4] मिलती है। 69॥

सुवर्ण वृक्ष से जल ज्ञान–

यदिवा सुवर्ण नाम्नस्तरोर्भवेद्वामतो भुजंगगृहम्।

हस्त द्वये तु याम्ये पंचदशनरावसानेऽम्बु ।70॥

क्षारं पयोऽत्र नकुलोर्धमानवे ताम्रसन्निभश्चाश्मा॥

रक्ता च भवति बसुधा वहति शिरा दक्षिणा तत्र।71॥

यदि सुवर्ण वृक्ष[5] के उत्तर में सर्प गृह (वल्मीक) दिखाई दे तो दक्षिण दिशा में, उस वृक्ष से दो हाथ से आगे पंद्रह (15) पुरुष नीचे जल मिलता है।70॥

यह जल क्षार युक्त (खारा) होता है। आधा पुरुष खोदने पर नेवला मिलता है। नीचे ताम्रवर्ण[6] का पत्थर निकलता है और मिट्टी भी रक्तवर्णा[7] होती है। इस स्थान में जल की दक्षिणा शिरा बहती है। 71॥

---

1. रोहितक, रक्तरोहिड़ा, (Tecomella undulta Seem. (Bignoniaceae) रोहिड़ा (नं.2) Aphanamixis polystachya Blume.
2. कुटज वृक्ष, कोरिमा, कोरयूया, गिरिमल्लिका Holarrhena antidysenterica Wall. (Apocynaceae)
3. राख के रंग की Ash colour बंदर के रंग की Monkey colour
4. चंदन गोह (Barred Monitor) इसे पीले रंग के कारण चंदन गोह कहते हैं चार पाँच फुट लम्बे होते हैं। बरसात में इनका शरीर पीला हो जाता है। बरसात समाप्त होने पर इनका रंग धूमिल पड़ जाता है।
5. कांचनार, कचनार-दो प्रकार की श्वेत और रक्त, श्वेत कचनार Bauhinia variegata L. (Leguminosae) रक्त कचनार- Bauhinia acuminata L.
6. तांबे के रंग का, Bornite.
7. रक्ताभ-लाल, Reddish.

बदरी और रोहित वृक्षों से जल ज्ञानः-

बदरी रोहित वृक्षौ सम्पृक्तौ चेद्विनापि वल्मीकम्।

हस्तत्रयेऽम्बु पश्चात् षोड़शभिर्मानवैर्भवति। 72॥

सुरसं जलमादौ दक्षिणा शिरा वहति चोत्तरेणान्या।

पिष्टनिभः पाषाणो मृत श्वेता वृश्चिकोऽर्धनरे।73॥

बदरी[1] और रोहित[2] के वृक्ष जहाँ मिले हुए हों चाहे वहाँ वाल्मीक हो या न हो जो भी उन वृक्षों के पश्चिम में तीन हाथ से आगे सोलह पुरुष नीचे जल मिलता है।72॥

यहाँ मीठा जल निकलता है, पहिले दक्षिण शिरा (दक्षिण दिशा से आने वाली) और फिर दूसरी उत्तर शिरा उत्तर से आने वाली मिलती है। इस खुदाई में पिष्ट[3] के समान पत्थर निकलता है और सफेद मिट्टी। ऊपर से आधा पुरुष खोदने पर बिच्छू मिलता है।73।

बदरी और करीर वृक्षों से जल ज्ञान–

सकरीरा चेद्बदरी त्रिभिः करैः पश्चिमेन तत्राम्भः।

अष्टादशभिः पुरुषैरैशानी बहुजला च शिरा।74॥

यदि बदरी वृक्ष[4] करीर वृक्ष[5] के साथ हो तो उन दोनों से पश्चिम में तीन हाथ से आगे अठारह (18) पुरुष नीचे पानी मिलता है। उस स्थान पर ईशानी शिरा उत्तर पूर्व के बीच से आनी वाली मिलती है। इस शिरा से बहुत जल मिलता है।74॥

बदरी और पीलू वृक्षों से जल ज्ञान–

पीलु समेता बदरी हस्तत्रय सम्मिते दिशि प्राच्याम्।

विंशत्या पुरुषाणामशोष्यमंभोऽत्र सक्षारम्। 75॥

यदि पीलू वृक्ष[6] के साथ बदरी[7] वृक्ष दिखाई दे तो उनसे पूर्व दिशा में तीन हाथ से आगे बीस (20) पुरुष नीचे प्रचुर जल मिलता है। यह जल क्षार युक्त (नमकीन) होता है। 65॥

---

1. बेर का वृक्ष Ziziphus jujuba Mill
2. रोहिक, रक्त रोहिड़ा Tecomella undulata Seem. (Bignoniaceae)
   श्वेत रोहिड़ा– Aphanamrkis polystackya.
3. सीसे के समान। Lead, एक विद्वान ने इसका अर्थ शालि (धान) चूर्ण के सामान किया है जो सही नहीं मालूम होता।
4. श्लोक 72 देखें।
5. करील, केर करिया, टेटी, कचढ़, कूर, पेंच, सेत। Capparis aphylla Roth.
6. पीलू, छोटा पीलू झल, झाल, Salvadora persica L.
7. श्लोक 72 देखें।

ककुभ, करीर और बिल्व से जल ज्ञानः-

ककुभकरीरावेकत्र संयुतौ यत्र ककुभविल्वो वा।

हस्त द्वयेऽम्बु पश्चान्नरैर्भवेत् पंचविंशत्या।76॥

जब कुकुभ[1] और करीर[2] एक स्थान पर मिले हुए हों अथवा ककुभ और बिल्व[3] मिले हुए हों तो उनसे पश्चिम में दो हाथ से आगे, पच्चीस (25) पुरुष नीचे पानी मिलता है। 76॥

दूर्वा और कुशा से जल ज्ञान–

वल्मीकमूर्धनि यदा दूर्वा च कुशाश्च पाण्डुराः सन्ति।

कूपो मध्ये देयो जलमत्र नरैकविंशत्या ।77॥

जब वल्मीक के ऊपर दुर्वा[4] अथवा कुशा[5] पाण्डर रंग[6] की ऊगी हो तो उस वल्मीक के मस्तक के मध्य में कुआँ खोदना चाहिए। यहाँ इक्कीस (21) पुरुष नीचे पानी निकलता है। 77॥

कदम्ब वृक्ष से जल ज्ञान–

भूमिः कदम्बकयुता वल्मीके यत्र दृश्यते दूर्वा।

हस्तद्वयेन याम्ये नरैर्जलं पंचविशत्या ।78॥

जिस स्थान पर भूमि कदम्ब वृक्ष[7] से युक्त हो और वल्मीक के ऊपर दुर्वा[8] दिखाई दे वहाँ कदम्ब वृक्ष से दक्षिण में दो हाथ से आगे पच्चीस (25) पुरुष नीचे जल मिलता है। 78॥

रोहीतक और वल्मीक से जल ज्ञान–

वल्मीकत्रयमध्ये रोहीतकपादपो यदा भवति।

नानावृक्षैः सहितस्त्रिभिर्जलं तत्र वक्तव्यम्। 79॥

हस्तचतुष्के मध्यात् षोडशभिश्चाङ्गुलैरुदग्वारि।

चत्वारिंशत् पुरुषान् खात्वाऽश्माऽधः शिरा भवति।।80॥

---

1. अर्जुन, कोह, कहू, अंजन Terminalia arjuna W. & A. (Combretaceae)
2. श्लोक 74 देखें।
3. बेल, बिल, बील, त्रोलो, बेलसोंग, बेलकचरी Aegle marmelos (L) Correo. (Rutaceae)
4. दूब, हरी दूब, दूबड़ा, सफेद दूब Cynodon dactylon pers.
5. कुश, डाम, दबोलि Eragrostis cynosuroides Beauv. (Gramineae)
6. हल्का पीला Light yellow.
7. कदम, कदम्ब, Anthocepalus indicus A. Rich/A. cadmba Miq. (Naucleaceae)
8. श्लोक 77 देखें।

तीन वल्मीकों के बीच में जब एक रोहीतक वृक्ष[1] हो और उसके साथ तीन नाना प्रकार के (अन्य जाति के) वृक्ष हों तो वहाँ जल मिलता है। 79॥

तीन वल्मीकों के बीच के रोहीतक वृक्ष से उत्तर दिशा में चार हाथ सोलह अंगुल से आगे चालीस (40) पुरुष नीचे पत्थर मिलता है। उसके नीचे जल की शिरा होती है।

शमी से जल ज्ञान—

ग्रन्थि प्रचुरा यस्मिन् शमी भवेदुत्तरेण वल्मीकः।

पश्चात् पंचकरान्ते शतार्ध संख्यैर्नरैः सलिलम्।81॥

जहाँ अधिक ग्रन्थियों (गठानों) वाली शमी[2] हो और उससे उत्तर में वल्मीक हो तो शमी वृक्ष से पश्चिम में पाँच हाथ आगे, पचास (50) पुरुष नीचे जल मिलता है। 81॥

पाँच वल्मीक से जल ज्ञान—

एकस्थाः पंच यदा वल्मीका मध्यमो भवेच्छ्वेतः।

तस्मिन् शिरा प्रदिष्टा नरषष्टया पंचवर्जितया।82॥

जब पाँच वल्मीक एक स्थान पर हों और उनमें से बीच वाला सफेद हो तो उस बीच वाले वल्मीक में जल की शिरा बताई गई है। वहाँ पचपन (55) पुरुष नीचे जल मिलता है।82॥

पलाश और शमी से जल ज्ञान-

सपलाशा यत्र शमी पश्चिमभागेऽम्बु मानवैःषष्ट्या।

अर्धनरेऽहिःप्रथमं सबालुका पीतमृत परतः।83॥

जिस स्थान पर पलाश वृक्ष[3] के साथ शमी वृक्ष[4] हो वहाँ उस शमी के पश्चिम में पाँच हाथ से आगे, साठ (60) पुरुष नीचे पानी मिलता है। पहले आधा पुरुष खोदने पर सर्प मिलता है, फिर बालुका[5] के साथ पीली मिट्टी मिलती है[6]।83॥

---

1. (i) रोहितक, रक्तरोहिड़ा Tecomella undulata Seem.
   (ii) श्वेत रोहिड़ा- Aphanamrks palystachya.
2. शमी, छोंकर, छिकुर, खैजड़ा, जाँट Prosopis spicigera L. (Leguminosae)
3. ढाक, टेंसू कैसु पलास, छिऊंल Butea frondosa Roxb. (Leguminosae)
4. छोंकर, छिकुर, खेजड़ा, जांट Prosopis spicigera L. (Leguminosae)
5. रेत
6. इस स्थान पर दीर्घकाल तक पानी मिलता है। सारस्वत।

श्वेत रोहीतक से जल ज्ञान–

वल्मीकेन परिवृतः श्वेतो रोहीतको भवेद्यस्मिन्।
पूर्वेण हस्तमात्रे सप्तत्या मानवैरम्बु ।84॥

जिस स्थान पर सफेद रोहीतक वृक्ष[1] वल्मीक से घिरा हुआ हो तो उस रोहीतक वृक्ष से पूर्व दिशा में एक हाथ से आगे सत्तर (70) पुरुष नीचे जल मिलता है।84॥

श्वेत तथा काँटों वाली शमी से जल ज्ञान–

श्वेता कण्टकबहुला यत्र शमी दक्षिणेन तत्र पयः।
नरपंचकसंयुतया सप्तत्याहिर्नरार्धेच।85॥

जिस स्थान पर सफेद,अधिक काँटों वाली शमी[2] हो वहाँ उस शमी से दक्षिण की ओर एक हाथ से आगे पचहत्तर (75) पुरुष नीचे जल मिलता है। पहले आधा पुरुष खोदने पर नीचे सर्प मिलता है। 85॥

मरु और जांगल प्रदेश के जल चिह्नों का अन्तर–

मरुदेशे यच्चिन्हं न जांङ्गले तैर्जलं विनिर्देश्यम्।
जम्बू वेतसपूर्वैर्ये पुरुषास्ते मरौ द्विगुणा। 86॥

जल मिलने के दो चिह्न मरु भूमि के लिए बताये गये हैं उन चिह्नों से जांगल (कम पानी वाले) प्रदेश में जल नहीं बताना चाहिए। पहले जो जम्बू[3] वेतस[4] आदि वृक्षों के द्वारा जल कितना गहराई पर मिलेगा (कितने पुरुष नीचे) यह बताया गया है, इन चिह्नों से मरुभूमि में दुगुनी गहराई (दुगुने पुरुष नीचे) पर जल बताना चाहिए।86॥

कुछ औषधियों से जल ज्ञान-

जम्बूस्त्रिवृता मौर्वी शिशुमारी सारिवा शिवा श्यामा।
वीरुधयो वाराही ज्योतिष्मती गरुडबेगाच ।87॥
सूकरिकमाषपर्णीव्याघ्रपदाश्चेति यद्यहेर्निलये।
वल्मीकादुत्तरतस्त्रिभिःकरैस्त्रिपुरुषे तोयम्।88॥

---

1. श्लोक 83 देखें।
2. सारस्वत ने लिखा है कि काला सर्प मिलता है और इस स्थान पर जल स्वादिष्ट होता है। जो चिरकाल तक मिलता रहता है।
3. जामुन, जामन दो प्रकार की (i) जल जम्बुक Pramna herbacea Roth.
   (ii) राज जम्बुक Eugenia jambolana Lam.
4. (i) बेत, बैत- Calamus rotang L.
   (ii) वेद, पंजाबी, बिस, बुशन, चम्पा-Salix alba L.

जम्बू[1] त्रिवृता[2] मौर्वी[3] शिशुमारी[4] सारिवा[5] शिवा[6] श्यामा[7] वाराही[8] ज्योतिषमती[9] गरूडवेगा[10] औषधियाँ। 87॥

तथा सूकरिका[11] माषपर्णी[12] और व्याघ्रपदा[13] औषधियाँ (इनमें से कोई एक) यदि सर्प गृह (वल्मीक) के पास हो तो उस वल्मीक से उत्तर दिशा में तीन हाथ से आगे तीन पुरुष नीचे पानी मिलता है।

---

1. जामुन जामन (श्लोक 83 देखें)
2. निसौथ पितोहरी, चितष ऊस, नाकपतर, पनिलहर Operculina terpethum (L). S.Manso (Convolvulaceae)
3. मूर्वा मुहरी, मरूल, Sansevieria roxburghiana Sehult (Sansevieriaceae.)
4. (i) Agangetic propoise or dolphin शिशुभार अथवा एक प्रकार की मछली Delphinus gangeticus (मोनियर विलियम)

   (ii) शिशुमार– सूंस नामक जल जंतु जो ग्राह के समान होता है (कोष)

   (iii) शिशुमारी संभवत यह कोई वनस्पति रही होगी।
5. (i) कृष्ण सारिवा कालीसर श्यामालता Hemidesums indicus shultes (Periplecaceae) (ii) Asclepiascurassavica L. (Asclepiadaceae)

   (ii) अनन्तमूल, गोरीसर Echites pubescens Monghyr/Holarrhen antidysenterica Wall.
6. हरड़, हर्र Terminalia chebula Retz, (Combretaceae) भुई आंवला भद्रआंवना, पाताल आंवला, जराम्ला। Phyllanthus asperulatus Hutch. P. niruri auct. non L. (Euphorbiaceae)
7. सामाघास, समाक, सांबा Panicum frumentaceum Roxb. (Gramineae)
8. वाराहीकंद Dioscorea bulbifera L. (Dioscroeaceae)
9. कनफोड़ा, कानफटा Cardiospermum halicacabum L, (Sapindaceae)
10. पातालगरूडी, छिलहिंटा Cocculus hirsutus (L) Diel/C. vilosus Dc. (Menispermacae)
11. एक प्रकार का पौधा, चावल का एक भेद (मोनियर विलियम)
12. मषमन, वनउर्दी, जंगली उड़द Teramnus labialis Spreng. (Leguminosae)
13. बेकल, बाइकल, कांकरा, कंटाई, कंड़ाई किंकणी टोटर Gymnosporia montana Benth (Benth Celastraceae)

वल्मीक से उत्तर दिशा में तीन हाथ से आगे तीन पुरुष नीचे पानी मिलता है। 88॥

अनुप, जांगल और मरुभूमि में अंतर–

एतदनूपे वाच्यं जाङ्गलभूमौ तु पंचभिःपुरुषैः।

एतैरेव निमितैर्मरुदेशे सप्तभिः कथयेत् ।89॥

यह ऊपर के श्लोकों में कहा हुआ अनूप (अधिक जल वाले) स्थान के लिये कहना चाहिये। जाङ्गल (कम जलवाले) स्थान के लिए इन्हीं (ऊपर के श्लोकों में कहा हुआ) लक्षणों से पाँच पुरुष नीचे जल बताना चाहिए और इन्हीं (ऊपर के श्लोकों में कहे हुए) लक्षणों से मरूभूमि में सात पुरुष नीचे जल बतावें।89॥

एक रंग और विकार युक्त भूमि से जल ज्ञानः-

एक निभा यत्र मही तृणतरुवल्मीकगुल्मपरिहीना।

तस्यां यत्र बिकारो भवतिघरित्र्यां जलं तत्र। 90॥

जहाँ की भूमि एक ही रंग की हो और वह तृण (घास) तरु (वृक्ष) वल्मीक (मिट्टी का स्तूप) गुल्म (एक जड़ वाले गन्ना आदि अथवा झाड़ी) से रहित हो, ऐसी भूमि में जिस जगह विकार (विपर्यय भिन्नता) दिखाई दे उस स्थान पर पाँच पुरुष नीचे जल मिलता है।90॥

चिकनी, सम, शब्दयुक्त भूमि से जल ज्ञान–

यत्र स्निग्धा निम्ना सवालुका सानुनादिनी वा स्यात्।

तत्रार्घपंचकैर्वारिमानवैः पंचभिर्यदि वा ।91॥

जिस स्थान की भूमि चिकनी[1] नीची (ऊँची नीची न हो) रेत मिली अथवा सानुनादिनी (शब्द-ध्वनि करने वाली[2]) हो उस जगह साढे चार पुरुष अथवा पाँच पुरुष नीचे जल मिलता है।91॥

चिकने और विकृत वृक्षों से जल ज्ञानः-

स्निग्ध तरुणां याम्ये नरैश्चतुर्भिर्जलं प्रभूतं च।

तरुगहनेऽपि हि विकृतो यस्तस्मात् तद्वदेव वदेत्।92॥

जहाँ वृक्ष चिकने होते हैं वहाँ उन चिकने वृक्षों के दक्षिण में चार पुरुष नीचे बहुत जल मिलता है।

घने वृक्षों में जो वृक्ष विकृत (विकार युक्त[3]) दिखाई दे उस वृक्ष के बारे में भी ऊपर कही हुई बातें कहें, अर्थात् उस वृक्ष से दक्षिण में चार पुरुष नीचे जल मिलेगा।

---

1. Clay soil.
2. भूमि पर पैर मारने से ध्वनि निकले।
3. दूसरे वृक्षों के फूल और फल तथा इस वृक्ष के फूल और फल में अंतर दिखाई दे।

नीचे धंसने वाली भूमि से जल ज्ञान-

नमते यत्र धरित्री सार्धे पुरुषेऽम्बु जाङ्गलानूपे।

कीटा वा यत्र विनालयेन बहवोऽम्बु तत्रापि।93॥

जिस स्थान की भूमि पैर मारने से नीचे धँसती हो वह स्थान जांगल (कम पानी वाला) अथवा अनूप (बहुत पानी वाला) हो, उस स्थान पर डेढ़[1] पुरुष नीचे जल मिलता है।

बहुत से कीड़े और क्रमियाँ जिस स्थान पर उनके घर के बिना दिखाई दें वहाँ भी डेढ़ पुरुष नीचे जल होता है।96॥

गरम और ठंडी भूमि से जल ज्ञान–

उष्णा शीताच मही शीतोष्णाम्भस्त्रिभिर्नरैः सार्धैः।

इन्द्रधनुर्मत्स्यो वा वल्मीको वा चतुर्हस्तात्।94॥

जबकि किसी स्थान की सारी भूमि उष्णा (गर्म) हो परन्तु उसमें एक स्थान पर ठंडी हो जावे तो ठंडा पानी और सारी भूमि ठंडी हो और उसमें एक स्थान पर उष्मा़ा (गर्म) हो तो वहाँ गर्म पानी मिलता है (इन दोनों परिस्थितियों में) वहाँ साढ़े तीन पुरुष नीचे जल मिलता है।

जिस जांगल (कम पानी वाली) अथवा अनूप[2] (अधिक पानी वाली) भूमि में इन्द्र[3] धनु वृक्ष[4] मछली अथवा वाल्मीक दिखाई दे वहाँ चार हाथ आगे नीचे जल मिलता है।94॥

वल्मीक आदि से जल ज्ञान-

वल्मीकानां पंत्यां यद्येकोऽभ्युच्छ्रितः शिरा तदधः।

शुष्यति न रोहते वा सस्यं यस्यां च तत्राम्भः ।95॥

जांगल और अनूप भूमि में जबकि वल्मीकों की पंक्ति के मध्य यदि कोई एक वल्मीक सबसे ऊँचा हो तो उस ऊँचे वल्मीक के चार हाथ नीचे भूमि में जल की शिरा होती है। जिस भूमि में उत्पन्न अनाज सूख जाता है अथवा बोया हुआ ऊगता ही नहीं है उस भूमि में भी चार हाथ नीचे जल मिलता है। 95॥

---

1. डेढ़ पुरुष
2. Swamp.
3. इन्द्र
   1. अर्जुन Terminalia arjuna W. & A. (Combretaceae)
   2. देवदारू
   3. कुटज, इन्द्रयव कुरेया Holarrhena antidysenterica wall. (Apocynaceae)
   2. एक विद्वान ने इन्द्रधनुष को एक शब्द मानकर इसका अर्थ इन्द्रधनुष किया है।
4. धनु, धन्वंग, गोववृक्ष धामिन।

वट पलाश आदि से जल ज्ञान–

न्यग्रोधपलाशोदुम्बरैः समेतैस्त्रिभिर्जलं तदधः।

वटपिप्पलसमवाये तद्वद्वाच्यं शिरा चोदक् ।96॥

न्यग्रोध[1] पलाश[2] उदुम्बर[3] यदि ये तीन वृक्ष एक स्थान पर साथ-साथ हों तो उनके तीन हाथ नीचे जल होता है। उनके नीचे उतरा शिरा होती है। तथा वट[4] पिप्पल[5] एक स्थान पर मिले हुए हों तो भी उपर्युक्त प्रकार से (तीन हाथ नीचे) जल मिलेगा[6] यहाँ भी उत्तरा शिरा होगी।96॥

दिशाओं में कूप लक्षण–

आग्नेये यदि कोणे ग्रामस्य पुरस्य वा भवेत् कूपः।

नित्यं स करोतिभयं दाहं च समानुषं प्रायः। 97॥

नैर्ऋतकोणे बालक्षयं च वनिताभयं च वायव्ये।

दिक्त्रयमेतत्त्यक्त्वाशेषासु शुभावहाः कूपाः ।98॥

किसी गाँव अथवा नगर के आग्नेय कोण (पूर्व दक्षिण के मध्य) में कुआँ हो तो वह कुआँ उस गाँव या नगर के लिए सदा भय कारक होता है। अधिकतर मनुष्यों का दहन कारक और अग्निभय कारक होता है।97॥

गाँव अथवा नगर के नैऋत्यकोण (दक्षिण पश्चिम के मध्य) में कुआँ हो तो बच्चों का क्षय कारक होता है। वायव्यकोण (पश्चिम उत्तर के मध्य) का कुआँ स्त्रियों को भयकारक है। इन तीन ऊपर कही हुई दिशाओं को छोड़कर अन्य पाँच दिशाओं (पूर्व, दक्षिण, पश्चिम, उत्तर तथा ईशान) का कुआँ शुभ होता है। 98॥

आचार्य वराहमिहिर का वक्तव्य–

सारस्वतेन मुनिना दकार्गलं यत् कृतं तदवलोक्य।

आर्याभिः कृतमेतद् वृत्तैरपि मानवं वक्ष्ये।99॥

अभी तक जो मैंने आर्या छंद में लिखा है वह सारस्वत मुनि रचित दृकार्गल को देखकर लिखा है। अब आगे मनु[7] के कहे दृकार्गल को देखकर उसे छन्दों में लिख रहा हूँ।99॥

---

1. 4 बरगद, बड़, बोड़ा Ficus benghalensis L. (Moraceae)
2. ढाक, टेंसू केसु, पलास, छिऊंल Butea frondosa Roab.
3. गूलर, परोआ, ददुरि, काकमाल, अमर, Ficus glomorata Roxb, (Morac ceae)
5. पीपल, पीपर, भौरे, Ficus religiosa L
6. यहाँ शुभ (अच्छा) जल मिलता है। सारस्वत।
7. मनु का लिखा दृकार्गल पूरा उपलब्ध नहीं है।

विभिन्न वृक्षों से जल ज्ञान–

स्निग्धा यतः पादप गुल्मवल्लयो।
निश्छिद्रपत्राश्च ततः शिरास्ति।
पद्मक्षुरोशीरकुलाः सगुण्ड्राः।
काशाःकुशा वा नलिका नलो वा।100॥
खर्जूरजम्ब्वर्जुनवेतसाः स्युः
क्षीरान्विता वा द्रुमगुल्मवल्ल्यः।
छत्रेभनागाः शतपत्रनीपाः
स्युर्नक्तमालाश्च ससिन्दुवाराः।101॥
विभीतको वा मदयन्तिका वा
यत्रास्ति तस्मिन् पुरुषत्रयेऽम्भः।
स्यात् पर्वतस्योपरि पर्वतोऽन्य
स्तत्रापि मूले पुरुषत्रयेऽम्भः।102॥

जिस भूमि में वृक्ष, गुल्म[1], वल्ली[2] यह सब चिकने हों और इनके पत्ते छेद रहित हों वहाँ तीन पुरुष नीचे जल की शिरा मिलती है। अथवा पदम्[3] क्षुर[4] उशीर[5] ओर गुण्ड्र[6] के कुल (जातियाँ) काशा[7] कुशा[8] नलिका[9] और नल[10] हो वहाँ भी साढ़े तीन पुरुष नीचे जल मिलता है।100॥

---

1. एक मूल (जड़) वाले जैसे गन्ना अथवा झाड़ी।
2. लता, बेल।
3. मखाना, मचना, Euryale ferox Salisb. (Euryalaceae)
4. (i) गोक्षुर Pedalium murex L. (Pedaliaceae)
   (ii) तालमखाना Hygropphila auriculata (Sch.) Haines/Asteraca anth longifolia Nees (Acanthacceae
5. खस, गाँडर की जड़, पन्नि, Andropegon muricatus Retz. (Graminceae)
6. (i) गुन्द्र, सरकण्डा, Saccharum arundinaceum Retz (Gramineae)
   (ii) गौंदपटेर, पटेर गौनर Typha elephantina roxb. (Typhaceae)
7. काश Saccharum Spontaneum L.
8. कुश, डाभ, दबोलि Eragrostis cynosuroides Beauv. (Gramineae)
9. गुलशब्वो, गुलचेरी Polyanthus tuberosa (Agarvaceae)
10. नरकट, नरसल, Arundo donax L. (Gramineae)

खजूर[1] जम्ब[2] अर्जुन[3] वेतस[4] यह वृक्ष जहाँ हो अथवा जहाँ गुल्म और वल्ली यह क्षीर (दूध) वाले हों। अथवा छत्र[5] इभ[6] साग[7] शतपत्र[8] नीप[9] नक्तमाल[10] यह सब सिन्दुवार[11] के साथ जहाँ हों वहाँ तीन पुरुष नीचे जल मिलता है।101॥

विभीतक[12] मदयन्तिका[13] यह जहाँ होते हैं। वहाँ तीन पुरुष नीचे जल मिलता है। यदि वह पर्वत पर हों तो भी तीन पुरुष नीचे जल मिलेगा। अथवा पर्वत के ऊपर दूसरा पर्वत हो और उस पर यह वृक्ष हो तो वहाँ भी तीन पुरुष नीचे जल मिलता है।102॥

या मौंजिकैः काशकुशैश्च युक्ता।
नीलाचमृद्यत्र सशर्करा च।
तस्यां प्रभूतं सुरसं च तोयं
कृष्णाथवा यत्र च रक्त मृद्वा।103।

---

1. खजूरी, खजूरा, देशी खजूरा, Phoenix sylvestris (L) Roxb.
2. जामन, जामुन दो प्रकार कीः-
   (i) जल जम्बुक Premnahrabacea. Roxb.
   (ii) राज जम्बुक Eugenia jambolana Lam.
3. अर्जुन, कोह, कहू अंजन, कोहा, Terminalia arjuna. W.&A.
4. (i) बैत, बेत Calamus rotang L. (Palmae.)
   (ii) वेदसादा, वेद पंजाबी, बिस, बुशन, चम्पा Salix alba L (Salicaceae)
5. मुचकंद, Ptersopermum suberifalium. Lam.
6. हस्तिकर्णी (i) पलाश Butea frondosa.Roxb.
   (ii) सागोन, सागवान Tectona grandis L. (Verbenaceae)
7. (i) नागकेसर Masuafeia.
   (ii) पान Piper betle L. (Piperaceae)
8. पदम, राजगेंदा, सोंफ गुलाब Rosa damascena Mill. (Rosaceae)
9. कदम, कदम्ब Anthocephalus Cadamba Miq
10. करंज, किरमाल डिठौरी, करुअनी, सुखचैन, Pongamia glabra Vent. (Leguminosae)
11. निर्गुण्डी शेफाली, सम्हालु, मेमड़ी Vitex negundo L. (Verbenaceae)
12. बहेड़ा, बहेरा, भेरा, विरहा, गुल्ला, Terminalia beleria Roxb.
13. मेहंदी Henna

जो भूमि मौंजिक[1] काश[2] और कुश[3] से युक्त है, जिस भूमि में नीले[4] रंग की मिट्टी और छोटे कंकर पत्थर हैं[5] उस भूमि में मीठा और अधिक जल मिलता है। वहाँ काली अथवा रक्त (लाल) रंग की मिट्टी होती है वहाँ भी स्वादिष्ट और अधिक मात्रा में जल मिलता है। ॥103॥

भूमि के गुण

सशर्करा ताम्रमही कषायं, क्षारंधरित्री कपिला करोति।

आपाण्डुरायां लवणंप्रविष्टं, मृष्टं पयो नील वसुन्धरायाम् ॥104॥

जो भूमि, छोटे कंकर पत्थर वाली[6] ओर ताम्रवर्ण (ताँबे जैसे रंग की) होती है उसके नीचे मिलने वाले पानी का स्वाद कषय (कसैला) होता है। कपिला[7] भूमि के नीचे मिलने वाला पानी क्षार युक्त[8] होता है। आपाण्डुरा[9] भूमि में नमकीन पानी मिलता है और नीले रंग[10] की भूमि में मीठा पानी मिलता है। ॥104॥

छिद्रदार पत्तों से जल ज्ञान —

शाकाश्वकर्णार्जुन बिल्व सर्जाः श्री पर्ण्यरिष्टाधवशिंशपाश्च।

छिद्रैश्च पत्रैर्द्रुमगुल्मवल्लयो, रूक्षाश्च दूरेऽम्बु निवेदयन्ति। ॥105॥

---

1. रामसर; मूंज, सरकंडा, सरपत, सरपटा, Saccharum munja Roxb (Gramineae)
2. काँस, Saccharum spontaneum L.
3. कुशा, कुश, डाभ, दबोलि Eragrostis cynosuroides Beauv. (Gramineae)
4. हलकी काली Light Black,Greyish.
5. बजरीमय Gritty.
6. बजरीमय Gritty.
7. राख के रंग Ash colour.

   बंदर के रंग की Monkey Colour.
8. लिबलिबा नमकीन Alkali
9. हलकी पीली Light yellow सारी मिट्टी एक समान ।
10. हलकी काली Light Black, Greyish.

शाक[1] अश्वकर्ण[2] अर्जुन[3] बिलब[4] सज[5] श्रीपर्णी[6] अरिष्ट[7] धव[8] शिंशला[9] ये सब वृक्ष जब छिद्र पत्र (पत्तों में छेद वाले) हो तथा वृक्ष, गुल्म और लताएं छिद्र पत्र (पत्तों में छेद वाले) हों, और रुखे हों (चिकने पत्तों वाले न हों) तो वहाँ जल दूरी पर (अधिक गहराई पर) मिलता है। 105 ॥

भूमि के रंग से जल ज्ञान–

सूर्याग्निभस्मोष्ट्रखरानुवर्णा, या निर्जला सा वसुधा प्रदिष्टा ।

रक्ताङ्कुराः क्षीरयुताः करीरा, रक्ताधरा चेज्जलमश्मनोऽधः ॥ 106 ॥

जो भूमि सूर्य की गर्मी से भस्म, ऊँट[10] और गधे के रंग के समान हो वह निर्जला (जल रहित) होती है तथा करीरा वृक्ष[11] जहाँ रक्तां-कुर (लाल अंकुर) युक्त हो और क्षीरयुत (दूधवाला) हो, भूमि रक्त (लाल) रंग की हो वहाँ पत्थर के नीचे जल निकलता है। 106 ॥

वैदूर्यमाणि से जल ज्ञान–

वैदूर्य मुद्गाम्बुद मेचकाभा, पाकोन्मुखोदुम्बर सन्निभा वा ।

भङ्गाजनाभाकपिलाथवा या, ज्ञेया शिला भूरिसभीपतोया । ॥ 107 ॥ (3)

(3) कौटिल्य ने वैदूर्य के आठ भेद बताये हैं :–

वैडूर्य उत्पलवर्णः शिरीष पुष्पक उदकरवर्णों वंशरागः

शुकपत्रवर्णः पुष्परागो गोमूत्रको गोमेदकः । 2।11।29।31

---

1. सागबान, सेगोन, सागी, Tectona grandis L. (Verbenaceae)
2. साल Shorea robusta Gaertn. (Dipterocarpacea)
3. श्लोक 101 देखें ।
4. बेल Aegle marmelos (L.) Correa. (Rutaceae)
5. सालनियास,राल Shorca robusts Gaertn. (Dipterocarpacea)
6. गंभीरा, गभार, कुभर, कासमर, खभारी Gmelina arborea Roxo. (Verbenacea)
7. रीठा, अरीठा Sapindus trifoliatus L. (Sapindaceae)
8. घव, धांकड़, बाकली, Anogeissua latifolia Bedd. (Combretaceae)
9. शीशम Dalbergia sissoe Roxb. (Leguminosae)
10. भूरी मिश्रित । Camel Colour
11. करील, केर, करिया, रेटी, कचढ़, कूर पेंचू, सेत Capparisaplay lla Roxb

वैदूर्य (वैडूर्य) जाति की मणि आठ प्रकार की होती है--

उत्पलवर्ण (लाल कमल के समान रंगवाली) शिरीष पुष्पक (सिरस के फूल के रंगवाली) उदकवर्ण (जल के समान स्वच्छ रंगवाली) वंशराग (बांस के पत्ते के समान रंगवाली) शुकपत्रवर्ण (तोते के पंखों की तरह हरे रंगवाली) पुष्पराग (हल्दी के समान पीले रंगवाली) गोमूत्रक (गोमूत्र के समान रंगवाली) गोमेदक (गोरोचन के समान रंगवाली) ये आठ भेद वैदूर्य जाति की मणि के हैं।

वैदूर्यमणि[1] की जो शिला (चट्टान) मूँग अथवा मेघ के समान काले रंग की हो तथा जो शिला पके हुए उदुम्बर[2] फल के समान रंग की हो[3] जो शिला तोड़ने पर अंजन[4] के समान रंग की अथवा कपिल[5] रंग की हो उसके पास ही (नीचे) अधिक पानी मिलता है। ॥ 107 ॥

रंगीन शिलाओं से जल ज्ञान–

पारावतक्षौद्रघृतोपमा या, क्षौमस्य वस्त्रस्य च तुल्यवर्णा ।

या सोमवल्ल्याश्च समानरूपा, साप्याशु तोयं कुरुतेऽक्षयं च ॥ 108 ॥

वह शिला (पत्थर की चट्टान) जो पारावत पक्षी[6] के रंग के समान है, शहद या धृत के रंग के समान है, या जो रेशमी वस्त्र के रंग के समान है, या जो सोमबल्ली[7] के रंग के समान है। ये सब अक्षय (कभी न समाप्त होने वाला पानी सूचित करती हैं। इनके नीचे खोदने पर जल्दी पानी निकलता है। 108 ॥

जल का अभाव बताने वाली शिलाएँ–

ताम्रैः समेता पृषतैर्विचित्रै।, रापाण्डुभस्मोष्ट्रखरानुरूपा ।

भृङ्गोपमांगुष्ठिक पुष्पिका वा, सूर्याग्निवर्णाच शिला वितोया ॥ 109 ॥

जो शिला (पत्थर की चट्टान ताम्र (तांबे) रंग के तरह तरह के धव्वों[8] से युक्त हो, तथा पाण्डु[9] रंग की हो, या भस्म (राख) जैसे रंग वाली हो, या ऊँट[10] और गधे[11] के

---

1. बिल्ली के नेत्र के समान काले पीले रंग की मणि लहसुनिया Cats eye
2. गूलर, परोआ, ददुरी, काकमाला, अमर Ficus glomerata Roxb.
3. हल्का बेंगनी रंग Violet.
4. काली Black.
5. बंदर के रंग की Monkey Colour
6. कबूतर के रंग की Dove Colour.
7. सोमलता Ephedra vulgaris L. (Ephedraceae) तम्बाकू के पत्ते जैसा रंग पत्तों का होता है। फूल लाल रंग का होता है।
8. धब्बों, बिन्दुओं
9. हल्की पीली Light yellow
10. Camel colowr.
11. Ligh Brown. Ash Colour. राख जैसा ।

रंगवाली हो या भ्रमर[1] के रंग के समान रंग वाली हो, या अंगुठिष्का[2] के पुष्प के समान रंग वाली हो, जो सूर्य या अग्नि के समान रंग वाली हो, वह शिला वितोया (पानी रहित) होती हैं। इस प्रकार की शिलाओं के नीचे खोदने पर पानी नहीं मिलता । 109 ॥

रंगीन शिलाओं से जल ज्ञान–

चन्द्रातस्फटिक मौक्तिक हेमरूपा,
याश्चेन्द्र नीलमणि हिङ्गलुकांजनाभाः ।
सूर्योदयांशु हरितालनिभाश्च याः स्यु,
स्ताः शोभना मुनिवचोऽत्र च वृत्तमेतत् ॥ 110 ॥

जो शिला चन्द्रप्रभा[3] (चमक) युक्त स्फटिक मणि[4] की हैं। अथवा मुक्ता[5] की प्रभावाली है अथवा सुवर्ण[6] के समान रूप रंग वाली है। जो शिला इन्द्रनीलमणि[7] की है, अथवा जो हिंगलू[8] या अंजन[9] की आभा (चमक)

---

1. भोंरा, काला रंग
2. अपराजिता, कोयल, clitoriaternatea L. नील लोहित रंग पुष्प का होता है। अथवा चमकीला नीला बीच में केसरिया या सफेद ।
   Bright Blue with Orange or white Centre.
3. चन्द्रमणि चन्द्रकान्त Moon Stone Moon. Light. इसी जाति का पत्थर है :– Opal.
4. बिल्लौर Crystal Quartz,
5. मोती
6. सोना
7. नीलम–कौटिल्य ने इस मणि के आठ भेद बताये हैं:– नीलाबनीय इन्द्रनीलकःलाय पुष्प को महानीलो जाम्बवाभो जीमूतप्रभो नन्दकः स्रवन्मध्यः
8. सिन्दूर Metacinnibar
9. काला

   नीलावलीय (रंग सफेद होने पर भी जिस मणि में नीले रंग की धाराएँ हों) इन्द्रनील (मोर के पंख की तरह नीले रंगवाली) कलायपुष्पक (कलाय-मटर को कहते हैः— मटर के फूल के समान रंगवालीः महानील (भोरें के समान गहरे काले रंग की): जाम्बवाभ (जामुन के रंग की) जीमूत प्रभ (मेघ के समान वर्ण की) नन्दक (भीतर से सफेद और बाहर से नीला) तथा स्रवन्मध्य (जिसमें से जल प्रवाह के समान किरनें बहती हों) ये आठ भेद नीलम के हैं।

   1. कौटिल्य ने स्फटिक के चार भेद बताये हैं:– शुद्धस्फटिकः मूलाटवर्णः शीतवृष्टिः सूर्यकान्तश्चेति मणयः।

   शुद्धस्फटिक (अत्यन्त शुक्ल वर्ण) मूलाटवर्णः मक्खन निकाले हुए दही अर्थात् तक्र मठा के समान रंगवाली) शीतवृष्टि चन्द्रकान्त— चन्द्र की किरणों के स्पर्श से पिघलने वाली) और सूर्यकान्त (सूर्य की किरणों का स्पर्श होने पर आग उगलने वाली मणि)

   आधुनिक भू-विज्ञान में स्फटिक के कई भेद बताये हैं (1) Amethyst ओंमेथीस्ट (मैंगनी की अधिकता से बैंगनी रंग का होता है। (2) दूधिया Milky हवा के बुल बूलों की अधिकता से) (3) गुलाबी Rosy Quartz (टिनेनियम की अधिकता से (4) राक Rock Quartz शूद्ध व रंगहीन रूप होता है।

वाली है। अथवा जो सूर्योदयांशु (उगते हुए सूर्य की किरणों के समान रंग की)[1] के समान है, या जो हरिताल[2] के सामान रंग की है। ये सब शिलाएँ शोभना हैं। इनके बारे में मुनि का यह वचन है ॥ 110 ॥

मुनि वचन-शिलाओं का फल–

एता ह्यभेद्याश्च शिलाः शिवाश्च,
यक्षैश्च नागैश्च सदाभिजुष्टाः,
येषां-च राष्ट्रेषु भवन्ति राज्ञां,
तेषामवृष्टिर्न भवेत् कदाचित् ।111।

ये सब (ऊपर कही हुई) शिलाएँ अभेद्य (न टूटने वाली) हैं, क्योंकि ये शिलाएँ श्रेयस्कर हैं, ये सदा यक्षों, देवयोनियों तथा नागों से सेवित हैं। ये शिलाएँ जिन राजाओं के राज्य (प्रान्तों) में होती हैं उनके राज्य में अवृष्टि (पानी का अकाल) कभी नहीं होती। अर्थात् सदा समय पर अच्छा पानी बरसता है। 111 ॥

शिला को फोड़ने की विधि–

भेदं यदा नैति शिला तदानीं,
पलाशकाष्ठैः सह तिन्दुकानाम् ।
प्रज्वालयित्वानलमग्निवर्णा,
सुघाम्बुसिक्ता प्रविदारमेति । 112 ॥

कुआँ खोदने पर जब पत्थर की शिला निकल आवे और तोड़ने पर जब वह शिला न टूटे तब पलाश[3] की लकड़ी और तिन्दुक[4] की लकड़ियाँ जला कर उस शिला को खूब तपाकर जब वह आग जैसी लाल हो जावे तो सुघा[5] और पानी मिलाकर उसे खूब सींचें (उस पर डालें])तो वह फट जावेगी (टूट जावेगी) 112 ॥

तोयं श्रितं मोक्षक भस्मनावा, यत्सप्तकृत्वः परिषेचनं तत् ।
कार्यंशरक्षारयुतं शिलायाः, प्रस्फोटनं वन्हिवितापितायाः । 113 ॥

---

1. केसरिया लाल Orange red
2. नीबू जैसा पीला। Lemon yellow
3. ढाक, टेसू, केसु, पलास छिऊंल Butea frondosa Roxb.
4. तेंदू, तिन्द, केंदगाँव, Diospyros embryopteris Pers. (Ebenaceae)
5. चूना । चूने का पानी Lime Water
   किसी विद्वान ने सुधा का अर्थ दूध किया है जो यहाँ उपयुक्त नहीं मालूम होता।

मोक्षक[1] वृक्ष की भस्म डालकर उबाले हुए पानी में शर[2] की भस्म मिलाकर उसे अग्नि से तपाई हुई शिला (ऊपर कही हुई विधि से श्लोक 112) को सात बार सींचें (अथवा सात बार तपावें और फिर सींचें) तंब वह टूट जाती है।

तक्रकांजिकसुराः सकुलत्था, योजितानि बदराणि च तस्मिन्

सप्तरात्रमुषितान्यभितप्तां, दारयन्ति हि शिलां परिषेकैः । 114 ॥

तक्र[3] कांजिक[4] और सुरा[5] इनको कुलत्थ[6] के साथ मिलाकर इनमें बदरी फल[7] डालकर, इन सबको सात रात भिगोकर (गलाकर) फिर पहले बताये अनुसार (श्लोक 112) शिला को खूब तपाकर, इनसे कई बार सींचने से ये शिला को फाड़ देते हैं। 114 ॥

नैम्बं पत्रं त्वक् च नालं तिलानां, सापामार्गं तिन्दुकं स्याद्गुडूची ।

गोमूत्रेण स्रावितः क्षार एषां, षट्कृत्वोऽतस्तााापितोभिद्यतेश्मा । 115 ॥

नीम के पत्ते और छाल तिल की फलियाँ, अपामार्ग[8] तिन्दुक फल[9] यदि हो तो और गुडूची[10] इन सबके क्षार[11] को गोमूत्र में घोलकर, पहले कही हुई विधि (श्लोक सं. 112) से शिला को खूब तपाकर (लाल हो जाने पर) ऊपर के घोल को डालें, ऐसा छः बार करें तो शिला टूट जाती है। 115 ॥

---

1. (i) मणीबक, मोखा, बनपलाश, घंट Schrebera swietenieides Roxb. (oleaceae)

   (ii) सफेद पाडल, पाडर, परारी, घटापाडर, कोजारी पाटुलीं Stereospermum chelonoides Haines (Bignoniaceae)

2. (i) शरफोंका, सरफोंका, शरपुंखा Tephrosia purpurea Pers. (Leguminosae)

   (ii) श्वेत शरपुखाँ, सफेद शरपुंखा,Tephrosia villosa pers W. &. A.

   (iii) नरकट Reed

3. छाछ, मथा हुआ दही,
4. काँजी
5. मद्य, शराब
6. कुलथी, खरथी, कुलट गराहट, Dolichos biflorus (Leguminosae)
7. बेर Ziziphus jujuba
8. आधाझाड़ा, चिरघिटा, चिचड़ा लटजीरा, ओंगा, आधिझाड़ा Ahchyranthes aspera L. (Amaranthaceae)
9. तेदू, तिन्द, केदगाव, Diospyros embryopteris Pers.
10. गिलोय, कुडिच, Tinospora cordifolia Miers. (Menispermaceae)
11. (i) क्षार-जलाकर प्राप्त करते हैं Alkali क्षार बनाने की विधि अंत में देखें ।

    (ii) एक विद्वान ने क्षार का अर्थ भस्म किया है।

शस्त्र को तेज (तीक्ष्ण) करने की विधि–

आर्कं पयो हुडुविषाणमषी समेतं,

पारावताखुशकृता च युतः प्रलेपः ।

टंकस्य (5) तैलमथितस्य ततोऽस्य पानं,

पश्चाच्छितस्य न शिलासु भवेद्विघातः। 116 ॥

अर्क[1] का दूध, भेड़ का सींग जलाकर उसकी मषी[2] के साथ मिलाकर उसमें पारावत[3] और आखु[4] इनकी विष्ठा (मल) मिलाकर लेप बनावें । खड्ग (पत्थर शिला तोड़ने के औज़ार) पर तिल का तैल मलकर, ऊपर बताया लेप उस पर लगावे, फिर उसे अग्नि में डालकर तपावे। खूब तप जाने पर अग्नि में से निकाल कर उस पर (ऊपर बताया) लेप लगावें, फिर धार बनाया हुआ शस्त्र पत्थर तोड़ने पर भी टूटता (बिगड़ता) नहीं है। 116 ॥

क्षारे कदल्या मथितेन युक्ते, दिनोषिते पायितमायसं यत् ।

सम्यक् शितं चाश्मनि नैतिभङ्गं, नचान्यलोहेष्वपि तस्य कौष्ठयम् ।117।

केले का क्षार[6] (केले के वृक्ष को जलाकर उसका क्षार) तक्र (छाछ) में मथकर एक दिन रात 24 घंटे रखकर, जब उसे लोहे (शस्त्र) पर लगाकर धार बनाई जावे तो वह शस्त्र (औज़ार) पत्थर पर नहीं टूटता और दूसरे लोहे पर मारने पर भी बोठा नहीं होता (उसकी धार नहीं बिगड़ती)।117॥

यालीः– (पाल-बाँध बनाकर पानी रोकना) लक्षण ।

पाली प्रागपरायताम्बु सुचिरं धत्ते न याम्योत्तरा ।

कल्लोलैरवदारमेति मरुता सा प्रायशः प्रेरितैः ॥

तां चेदिच्छति सारदारुभिरपां सम्पातमावारयेत् ॥

पाषाणादिभिरेव वा प्रतिचयं क्षुण्णं द्विपाश्वादिभिः । 118 ॥

---

1. पाली[1] जो पूर्व-पश्चिम में फैली हो (लंबी हो) उसमें बहुत समय तक जल रहता है। जो पाली उत्तर दक्षिण लंबी होती है उसमें अधिक समय तक जल नहीं रहता क्योंकि वायु के करण उसके जल में उठने वाली तरंगें उसे बहुधा हानि पहुँचा कर तोड़ती रहती हैं। यदि बनाने वाला उत्तर दक्षिण फैली हुई पाली बनाना ही चाहता है तो पाली की दीवार में दृढ़ (मजबूत) लकड़ियाँ लगाकर अथवा पत्थर या पक्की ईंटों से ढाँक दे या पत्थर के रोड़े चुन दे (जमा दे) और उन्हें हाथी, घोड़े, ऊँट, बोधे या बैल से दबवा दे जिससे वे अच्छी तरह जम जावें ।118॥

पाली[1] के तट पर लगाये जाने वाले वृक्ष–

ककुभवटाम्र प्लक्ष कदम्बैः सनिचुलजम्बू वेतसनीपैः ।

कुरबकतालाशोकमधूकैर्बकुलविमिश्रैश्चावृततीराम्।।119।।

ककुभ[2] वट[3] आम्र[4] प्लक्ष[5] कदम्ब[6] इन वृक्षों को निचुल[7] जम्बू[8] वेतस[9] और नीप[10] के साथ लगावें और कुरबक[11] ताल[12] अशोक[13] मधूक[14] इनको बकुल[15] के साथ पाली के तट पर चारों ओर लगावें ।

---

1. पोखर या तालाब का बाँध, पाल Dam, Boundry,
2. अर्जुन कोह कहू, अंजन, Terminalia arjuna W. & A.
3. बरगद, बड़, बौड़ा, Ficus benghalensis L.
4. आम, आंब, Mangifera indica L. (Anacardiaceae)
5. पाखर, पकरिया, Ficus infecteria Roxb. (Moraceae)
6. कदम, कदम्ब, Anthocephalus Cadamba. Miq.
7. समुन्दर फल, इंजर, समुद्रफल Barringtoniaacutangula Gaertn. (Barringtoniaceae)
8. जामन, जामुन, जल जम्बुक Premna herbacea Roxb.

   राज जम्बुक Eugenia jambolana Lam.
9. (1) बैत, बेत Colamus rotang L.

   (2) वेद सादा, वेद पंजाबी, बिस, बुशन, चम्पा Salixalba L.
10. बन्धुजीव, माध्यान्हिक, गुलदुपहरिया Pentapetes phoenicea L. (sterculiaceae)
11. लाल कट सरैया Barleria cristata L. (Acanthaceae)
12. ताड़ Borassus flabellifer L. (Palmae)
13. अशोक, असोक, गाछ, आसापाली, Saraca indica L.
14. महुआ, महुवा Madhuca indica gmel, Bassial latifolia Roxb.
15. मौलश्री, मोलसिरी, मधुगन्धा, Mimusops elengi L. (Sapotaceae)

जल निकालने का द्वार (मोरी)–

द्वारंच नैर्वाहिकमेक देशे, कार्यं शिला संचितवारिमार्गम् ।

कोशस्थितं निर्विवरं कपाटं, कृत्वा ततः पांशुभिरावपेत् तम् । 120 ॥

एक तरफ़ जल के निकलने का द्वार बनाना चाहिए, यह द्वार पत्थर चुनकर बनावे । इसे तल में रखें और उसमें ऐसा कपाट (किवाड़) लगावें जिसमें छेद न हो । उस पर फलक[1] रखकर मिट्‌टी आदि से जमाकर ढाँक देवें । 120 ॥

जल शुद्धि के लिए कूप, और वापी में डालने के द्रव्य–

अंजनमुस्तोशीरैः सराजकोशातकामलकचूर्णैः ।

कतकफलसमायुक्तैर्योगः कूपे प्रदातव्यः ।121॥

अंजन[2] मुस्ता[3] उशीर[4] राजकोशातक[5] और आमलक[6] इनमें कतकफल[7] मिलाकर सब के साथ पीसकर कुएँ में डालना चाहिए । 121 ॥

उपर्युक्त योग के गुण–

कलुषं कटुकं लवणं विरसं, सलिलं यदि वाशुभगन्धि भवेत् ।

तदनेन भवत्यमलं सुरसं, सुसुगन्धि गुणैरपरैश्च युतम्।122॥

यदि कुआँ या बावड़ी का जल स्वच्छ न हो, कड़वा, खारा बिस्वाद (मीठा न हो) अथवा दुर्गन्ध युक्त हो, तो ऐसा जल इस योग से (श्लोक 121) स्वच्छ, मीठा, सुगन्धित तथा अन्य गुणों से युक्त हो जाता है। 122 ॥

कुआँ खोदने के नक्षत्र–

हस्तो मघानुराधापुष्यधनिष्ठोत्तराणि रोहिण्यः ।

शतभिषगित्यारम्भे कूपानां शस्यते भगणः ।123॥

---

1. तख्ता, लटूठा ।
2. अंजन Hardwickia binata Roxb. (Leguminosae) किसी का कहना है कि अंजन के स्थान पर सौबीरक लेवें ।

   सौबीरक एकवीर, खाज खरक कसी Briedelia montana. willd L. (Euphor biaceae)
3. मुथा, मोथा, भद्रमोथा Cyperus rotundus L. (Cyperaceae)
4. खस, गाँडर की जड़, पन्नि, Andropogon muricatus Retz. (Gramineae)
5. तोरई, तरोई, तोरी, झिंगा Luffa acutngula Roxb. (Cucurbitacea)
6. आमला, आंवला, अबरा, औडा Emblica officinalis Gaertn, Phyllan-thusemblica L. (Euphorbiaceae)
7. निर्मली, पयः प्रसादी Strychnos potatorum L. f. (Strychnacea

हस्त, मघा, अनुराधा, पुष्य, धनिष्ठा, तीनों उत्तराएँ (उत्तरा फाल्गुनी उत्तराषाढ़ा, उत्तराभाद्रपद) रोहिणी तथा शतभिषा ये नक्षत्र कुएँ का (अथवा बावड़ी और जलाशय का) काम आरम्भ करने के लिए उत्तम हैं।123 (i).

(i) मुहूर्तचिंतामणि में सब प्रकार के जलाशयों (कुआँ, बावड़ी, तालाब आदि) को खोदने के लिये इन नक्षत्रों को शुभ बताया है:–

(1) अनुराधा (2) हस्त (3) रोहिणी (4) तीनों उत्तराएं (5) धनिष्ठा (6) शततारका (7) पूर्वाषाढ़ा (8) रेवती (9) पुष्य (10) मृग (11) मघा।

लग्न (समय) आदि के लिए मूहूर्तचिंतामणि की पीयूषधारा टीका देखें।

उत्तरायण के महीनों में कुआँ खोदना उत्तम होता है। शुभ मुहुर्त और शुभ लग्न में कुआँ खोदना आरंभ करे। बहुधा प्रातः काल का समय शुभ होता है।

उत्तरायणमासेषु प्रायोदेशेषु सर्वतः ।

अधोभागे जलं दृश्यं नद्यामपि तले क्वचित ।

तस्मात् कूपादि खननमुत्तरायण मासिके ॥

संपूर्ण सलिलावाप्ति हेतवे चिर कालिकम् ।

दृकार्गल विधिज्ञेन धीमता भूमिवल्लभः ॥

वापीकूपादिखननं सलिलस्थितमेव च ।

आदौ निश्चित्य वृक्षाद्यैः भूनाडी वीक्षणादपि ॥

भूमिं परीक्ष्यकलयेत् सुमुहूर्तें सुलग्नके ।

प्रायः प्रातस्तु खननं शुभायपरि कीर्त्यते ॥

काश्यपमुनि कथिता– काश्यपीयकृषि सूक्तिः

अड्यार पुस्तकालय– चिन्नई (अप्रकाशित)

प्रतिष्ठा का विधान–

कृत्वा वरुणस्य बलिं वटवेतसकीलकं शिरास्थाने ।

कुसुमैर्गन्धैर्धूपैः सम्पूज्य निधापयेत् प्रथमम्।124॥

वरुण (जल के देवता) को (बलि) उपहार देकर वट[1] और वेतस[2] की कीलें (छोटे खंबे-खूटियाँ) शिरा के स्थान पर गाड़ कर, पुष्प, गन्ध, धूप, गूगल आदि से पूजाकर कुएँ का खोदना आरम्भ करें।

क्षार बनाने की विधि–

जिस वनस्पति का क्षार बनाना हो उसका पंचांग [छाल, पत्ते, फूल, जड़ और फल] लेकर कढ़ाई में डालकर उसे जलाकर, उस सब को पानी [एक बड़े पात्र में भरकर] में डालें, ऐसा करने से राख नीचे जम जायेगी। फिर केवल उस पानी को लेकर किसी पात्र में भरकर चूल्हे पर चढ़ा दें। जब सारा पानी जल जावेगा, तब उसमें क्षार बच जावेगा।

---

1. बरगद, बड़, बोंड़ा, Ficusbenghalensis L.
2. (1) बेत, बैंत Calamus rotang. L.
   (2) वेदसादा, वेद पंजाबी, बिस, बुशन, चम्पा। Salix–alba L.

यष्टिका द्वारा भूमि में जल की खोज

कुआँ खोदने के लिये द्वि जिव्हीं यष्टिका द्वारा जल के खोजने की विधि अत्यन्त प्राचीनकाल से भारत में चली आ रही है। दृकार्गल शब्द पर जब हम विचार करते हैं तो इस परिणाम पर पहुँचते हैं कि सर्व प्रथम यष्टिका द्वारा ही भूमि में जल के अनुसंधान की विधि का आविष्कार हुआ होगा और यही विधि काम में लाई जाती रही होगी। पश्चात् इस विधि में नयी-नयी खोजें की गयी, नये प्रयोग किये गये और यह एक विज्ञान बन गया परन्तु इसका नाम दृकार्गल ही रहा। जिसका अर्थ है लकड़ी की शाखा (यष्टिका) द्वारा पानी की खोज (प्राक्कथन देखिए)।

यष्टिका द्वारा पानी की खोज में कुछ वृक्षों की यष्टिकाओं को ही काम में लाया जाता है। जो व्यक्ति इस कार्य में दक्ष होते हैं वे सप्तपर्ण (1) जम्बू (2) मदयन्तिका (3) उदुम्बर (4) खर्जूर (5) इनमें से किसी एक हरे वृक्ष की अँग्रेजी वाई (Y) अक्षर के आकार की हरी, दूधदार, शाखा को ही इस काम लेते हैं।

अच्छा दिन, तिथि और समय निश्चित कर पहले व्यक्ति (6) प्रातः काल स्नान आदि करके शुद्ध होकर शुद्ध वस्त्र पहनकर अपने इष्ट देवता की पूजा प्रार्थना करे फिर उपर्युक्त वनस्पति में से किसी एक की द्वि जिव्ही यष्टिका (शाखा) की दोनों भुजाओं के सिरों को अपने दोनों हाथों की मुट्ठियों में पकड़ कर नंगे पैर उस भूमि पर धीरे-धीरे चले। भूमि के उस स्थान पर जहाँ नीचे जल की शिरा (धारा–Vein) बह रही है वह यष्टिका स्वयं झुकेगी अथवा हाथों में घूमने लगेगी। उस स्थान पर जहाँ प्रभूत जल होगा हाथ की यष्टिका तेज़ी से घूमने लगती है अथवा भूमि की ओर खिंचने लगती हैं। जो व्यक्ति उस शाखा को अपने हाथों में पकड़े होता है वह जल के तेज प्रवाह को अपने शरीर में अनुभव करता है। उसे बिजली के करंट के समान जल के करंट (प्रवाह) का अनुभव होता है। जिस स्थान पर ऐसा अनुभव हुआ है उस स्थान पर कुआँ खोदने से सदा सफलता मिली है। प्रचुर जल वहाँ मिला है। इस कार्य में ज्यों–ज्यों अनुभव बढ़ता जाता है व्यक्ति यह बताने में भी सफल होता है कि कितनी गहराई पर जल मिलेगा और कितनी मात्रा में मिलेगा।

1. सप्तपर्ण — एक बड़ा वृक्ष जो सदा हरा रहता है और चारों ओर फैली शाखाएँ होती हैं।

हिन्दी — छितबन, सतोना, सतवन, शैतानी, झाँड

मलयालम — पाला

मराठी — सातविण

	तमिल	—	मुकम पाली
	बोटेनिकल नाम	—	Alstonia scholaris R. Br.
2.	जम्बू– हिन्दी	—	जामन-जामुन-दो प्रकार कीः–
	(i) जल जम्बूक	—	Premna herbacea Roxb.
	(ii) राज जम्बूक	—	Eugenia jambolana Lam
	मराठी– जाँबूल	—	
3.	मदयन्तिका	—	हिन्दी-मेंहदी, मेंहदी अँग्रेजी Henna गुजराती-मराठी-मेंदी
4.	उदुम्बर	—	हिन्दी-गूलर, परोआ, काकमाला, ददुरि, अमर मराठी-अम्बर बंगाली-यज्ञ डुम्बुर,
	गुजराती	—	डम्बरो, उमरड़ी
	अँग्रेजी	—	कंट्री फिग Country Fig
	बोटेनिकल	—	Ficus glomerata Roxb.

5. किसी ने खर्जूर की शाखा को भी इस प्रयोग के लिए बताया है परन्तु खर्जूर की द्वि जिव्ही शाखा मिलना संभव नहीं हैं इसलिए दो शाखाओं को अँग्रेजी के वाई (Y) अक्षर के रूप में बाँधकर काम में लेते हैं।

खर्जूर

हिन्दी	—	खजूर, छुहारा, खुर्मा
मराठी	—	खारिक, खजूर, खाजुरी
गुजराती	—	खजूरी– खजूर
बोटेनिकल	—	Phonix Dactylifera Phoenix Sylvestris (L) Roxb.

6. लोगों का अनुभव है कि इस कार्य में पग पायले व्यक्ति (पैर से जन्म लेने वाले) निश्चित रूप से सफल होते हैं।

पुस्तक की वनस्पति सूची

नाम वनस्पति	श्लोक क्रमांक
अ	
अंकोल	50
अंगुष्ठिका	109
अंजन	52,121
अतिबला	50
अपामार्ग	115
अर्क	116
अर्जुन	12,101,105
अरिष्टा	105
अश्मन्तक	43,
अश्वकर्ण	105
अशोक	119
आ	
आमलक	121
आम्र	119
आम्रातक	50
इ	
इन्द्र	69,94
इभ	101
उ	
उदुम्बर	11,18,96
उशीर	100,119 121

नाम वनस्पति	श्लोक क्रमांक
क	
कंटकारिका	57
ककुभ	76, 119
कतक	121
कदली	117,
कदंब	38,78,119
कम्पिल्लक	21
कर्णिकार	59
करीर	69,74,76 106
करंज	33
काकोदुम्बरिका	19
काशा	100,103
कुरबक	119
कुलत्थ	114
कुशा	27,37,77 100,103
कोविदार	27
ख	
खर्जूर	101
खजूरी	58
ग	
गरुडवेगा	87
गुंड	100
गुडूची	115

नाम वनस्पति	श्लोक क्रमांक
छ	
छत्र	101
ज	
ज्योष्मिती	87,
जम्बू	8,9,89,87,101,119
त	
ताल	40,119
तिन्दुक	50,112,115
तिल	115
तिलक	37,50
द	
दन्ती	48
दूर्वा	37,77,78
गुड्ची	115
ध	
धनुवृक्ष	94
धव	105
न	
न्यग्रोध	96
नल	100
नालिका	100
नब मालिका.	48
नक्तमाल	101
नाग	109
नालिकेर	40
निचुल	119
निम्ब	115
निर्गुडी	14
नीप	101,119
प	
प्लक्ष	119
पद्म	100
परूषक	50
पलांश	17,59,83,96,112
पिंडार	50
पिप्पल	96
पीलू	63,65,75
ब	
बकुल	119
बदरी	16,17,43,72,75,114
बिल्व	18,50,76,105
भ	
भल्लातक	50
भांर्गी	48
म	
मदयन्तिका	102,
मधूक	35,119
माषपर्णी	88
मुस्ता	121
मौंजिक	103

नाम वनस्पति	श्लोक क्रमांक
मोक्षक	113
मौर्वी	87
र	
राजकोशातक	121
रोहित	72
रोहीतक	68,79,80.84
ल	
लक्ष्मण	48
व	
व्याघ्रपदा	88
वंजुल	50
वट	96,119, 124
वरुणक	50,
वाराही	87
विभीतक	24,102
वेतस	6,86,101 119,124
श	
श्यामा	87
शतपत्र	101
शमी	81,83,85
शर	113
शाक	105
शिरीष	50

नाम वनस्पति	श्लोक क्रमांक
शिवां	87
शिंशपा	105
शोणाक	23
स	
सप्तपर्ण	29
सर्ज	105
सारिवा	87
सिन्दुवार	101
सुवर्णवृक्ष	70
सूकरिक	88
सूकरपादी	48
ह	
हरिद्र	45
क्ष	
क्षुर	100
त्र	
त्रिवृता	48, 87
श्र	
श्री पर्णी	105

परिशिष्ट -2

मृदा (मिट्टी) की सूची

नाम मृदा (वर्ण के अनुसार)	श्लोक क्रमांक
कपिला	15-64,104
कपोता	22
कृष्णा	13, 42, 46,103
ताम्र	104
धूर्मा	36
घूसर	13
नीला	10-32, 103 104
नीलोत्पला	22
पाण्डुर	8-15,20, 104
पीता	7-13,20,32, 39,46,56,83
बालुका	83, 91
रक्ता	28,71,103, 106
लोहगन्धिका	8
ससिकाता	44
सशर्करा	15,103,104
सिता (श्वेता)	13,32,42,73
हरिता	64
हरिताल	30

परिशिष्ट -3

पाषाण—सूची

नाम पाषाण-वर्ण और भेद के अनुसार	श्लोक क्रमांक
अंजन	11,110
अभ्र	30
अंगुष्ठिका पुष्प	109
अग्नि	109
इन्द्रनीलमणि	110,111
उदुम्बर	107
उष्ट्र	109
कपिल	107
कुंकुमकान्ति	26
कुरुविन्द	28
कुलुत्थ	36
गोरस	20
घृत	108
चन्द्रप्रभा	110,111
ताम्र	71,109
दर्दुर समान	32
घूसर	44
पारावत	10-108
पाँडु	109
पिष्ट	73
पुट भेदक	7,42

भस्म	109
भ्रमर	109
मरकत	46
मुद्ग (मूंग)	107
मुक्ता	110,111
मेघ	107
बैदूर्व शिला	107
स्फटिक	110,111
सुवर्ण	110,111
सूर्य	109,111,111
सोमवल्ली	108
हरित	34
हरिताल	110,111
हिंगलू	110,111
क्षौद्र (शहद)	108
क्षौमवस्त्र	108

परिशिष्ट -4

जीव जन्तुओं की सूची

नाम जीव	श्लोक क्रमांक
मण्डूक	7, 8, 18, 30, 31, 39, 64
मत्स्य	10,15,22,94
सर्प	11,17,28,36, 42,46,66, 83,85
गोधा	13,69
गृहगोधिका	16
मूषक	20
विश्वम्भरक	26
नकुल	32,71
कच्छप	34,44
वृश्चिक	73
शिशुमारी	87
कीटक्रमि	93

संस्कृत	हिन्दी	असम	उड़िया	कन्नड़	कश्मीरी
अंकील	ढेरा,			अंकोल	
अंगुष्ठिका	अपराजिता, कोयल			शंकपुष्प, गिरिकार्मिक	
अंजन	सौवीरक, एकवीर,				
अतिबला	कंघी, ककही			तुट्टि	
अपामार्ग	आधाझाड़ा, चिरचिरा चिचड़ा			उत्तेरन	
अर्क	अकौआ, मदार			एक्क गिडा	आककुल
अर्जुन	कोह, अंजन			मचि	
अरिष्टा	रीठा, अरीठा				
अश्मन्तक	कट महुली, गजना कचनार भेद			वेट्टारालि	
अश्वकर्ण	साल	गर्जन, कुरोइलसाल			
अशोक	आसापाली असोकगाछ			अशोक	आकि, कस्मुककुल
आमलक	आंवला			नेल्लि	ओमल
आम्र	आम, अम्ब			अम्ब, अम	अम्ब
आम्रातक	आम्बाड़ा, अमरा				
इन्द्र	अर्जुन+ देवरार+ फुटज				
इम	पलाश, सागोन			मुलुगा, मुत्थुगा	पलाशिकुल
उटुम्बर	गूलर		डिमरी, आंतमा		गुलर, अखकुल
उशीर	खस, वीरनमूल, पन्नि				मुडिनाल
कंटकारिका	छोटी कटेरी, भरकरैया				

संस्कृत	गुजराती	तमिल	तेलगू	पंजाबी	बंगला
अंकील	अंकोल	ऐलांगी	अंकोतामु		आंकोल, बाघ आंकड़ा
अंगुष्ठिका	घोली, गरणी	तककानम्	दिटेन	धनन्तर	अपराजिता अपराजित
अंजन					
अतिबला	खपाट, डाबली	पनियारा, हट्टी	तुत्तुराबेंदा?		पेटारि झाँपी
अपामार्ग	अघेड़ो	नाजुरिवि	अपामार्ग	पुठकंडा	अपांग
अर्क	आकडो	अर्क्कम	मंदारसु	अक	आकन्द, अकण्डा
अर्जुन	सादड़ो, आसोदरो	मदुदमरम	तेल्लरमाही	कोह, कौ	गाछ, अर्जुन
अरिष्टा	अरीठा	पन्नान कोट्टाई	कुकुदुकायालु	रेठा	रिठे,
अश्मन्तक					गायश्वत
अश्चकर्ण					तेलिया, गर्जन
अशोक	आशुपालो, फुलनी				अशोक, आसापाली
आमलक	आँवला	बेल्लिकाई	उशीरिकई		आमलकी, आमला
आम्र	अम्बो, आम्बो	मंगो, माऊ	मावी, मावड़ी	अंब	आम्र, आम
आम्रातक					
इन्द्र					
इम	खाकरो	पलासु, परास	मोठुगा, भोडुगा		पलाशगाछ
उट्म्बर	ऊंबरो, गुलर	अत्ती, खारसा	उदुम्बरम, मेडिबोडु		यज्ञ, डुम्बुर डुमुर
उशीर		बालो?	बेट्टिवेलू	वेट्टिवेलू	खासखस, वेरणमूल
कंटकारिका	भोयारिंगणी	कान्दनकांटिरी	कूदा	कन्डियारी	कण्टीकारी

संस्कृत	मराठी	मलयालम	यूनानी / उर्दू	सिंधी
अंकील	अंकोल	इरिंजिल		
अंगुष्ठिका	गोकर्णी, कानली	शंखपुष्पन		
अंजन				
अतिबला	मुद्रा	वेल्लुल	दरख्तशान, मश्तुलगोला	
अपामार्ग	आघाड़ा	कटलती	खारेवाजगून	
अर्क	आकड़ा	ऐरिक्का	उधार, खरक	अकु
अर्जुन	अर्जुन सादडा सारढ़ोल			
अरिष्टा	रिठा		फुंदुक फारसी	
अश्मन्तक	अष्ट			
अश्चकर्ण				
अशोक				
आमलक	आंवला	नेंल्लि	आम्लज	आंविरो
आम्र	आंबा, आम्बा	आम्रम् कूतम	अम्ब, अम्बाज	अंब
आम्रातक				
इन्द्र				
इम	पलाश, पलस	पलास, समथ		पलासु
उटुम्बर	अम्बर, झाड़	अत्ती	अंजीरेआदम समरषिता	झांगली अंजीर जो वणु
उशीर	बाला		दीखेवाला	
कंटकारिका	भुई रिंगणी		बादंगानबरी बादंजानबरी	

संस्कृत	हिन्दी	असम	उड़िया	कन्नड़	कश्मीरी
कुंकुम	अर्जुन, कोह	अर्जुन देखें			
कतक	निर्मली				
कदली	केला			वाले, बाली	केलु, कुलतु तम्यकफल
कदम्ब	कदम, कदम्ब			कडावाल, कदावला	कदम्बकुल
कम्पिल्लक	कमोला, सैरिया कलीला	कम्बील	कुंकुमी, गुंडि	कुंकुमडामर	
कर्णिकार्र	कनकचंपा				
करीर	करील, टेंटी			चिप्पुरि	
करंज	किरमाल, अंजीर				
काको दुम्बरिका	फल्गु, अंजीर				
काशा	कांस				
कुरबक	लाल कटसरैया				
कुलत्थ	कुलथी				
कुशा	कुश, डाम				दरूब
कोविदार	कचनार, सफेद			कन्चावला	
खर्जूर	देसी खजूरा				खजुर
खर्जूरी	देसी खजूर				खजुर
गरुडवेगा	पाताल गरुड़ी				
गुंद्र	सरकण्डा				
गुडूची	गिलोय				

संस्कृत	गुजराती	तमिल	तेलगू	पंजाबी	बंगला
कुंकुम					
क्तक		टेटन, कोट्टई	चिल्लचेट्ठ	निर्मली	निर्मली
कदली	केलुं	ब्रम्पै, वालै	अनाती, आरती कदलो		केला, कला
कदम्ब	कदम्ब	वेलाईकदम्ब	कदम्बामु		गदमगाछ, दशलिकन्दक
कम्पिल्लक	कपीलो	कुगुमम	कुंकुम		कमलागुंडी
कर्णिकार्र					मुचकुन्द
करीर	केर	सेंगम	करीरमु	करीं	
करंज	करंज, करझो	पोंगुर्म	पुनगु, कनक		डहर करंज
काको दुम्बरिका	डेडडंबरी	कटटु, अठिट	अदावि, अठिठ		काक डुम्बर
काशा	कासंडो				केशे
कुरबक	पीलोकांटारियो				कोरांटी
कुशा					
कोविदार	चंपाकाटी कृष्णावली	सेगापूमंचोरी			कांचन, फुलेरगाछ
खर्जूर					खेजुर
खर्जूरी	खजूर				
गरुडवेगा					
गुंद्र					
गुडूची	गलो	लिण्डिलकोडि	टिपाटिगो		गुलंच

संस्कृत	मराठी	मलयालम	यूनानी / उर्दू	सिंधी
कुंकुम				
कतक				
कदली	केल, सोनकेल	वझा	भोझ, तल्ह	केलो, कदली
कदम्ब	कदम्ब राजकदम	अट्टूदेक		कदंबु वणजो किस्मु
कम्पिल्लक	कपिला, शेन्दरी	कुरमडक्कु		
कर्णिकार्र				
करीर				
करंज	करांज, पोन्नम			
काको दुम्बरिका	भुईडंबर		अंजीर दस्ती	
काशा	कसई			खंधि
कुरबक	कोरांटी			
कुशा				डमु, गाहु
कोविदार कृष्णावली	रक्तकांचन मंदार			
खर्जूर	खजूर		खुर्मा (फा)खर्जूरी	खजूर
गरुडवेगा				
गुंड्र				सरु
गुडूची	गुलबेल			

संस्कृत	हिन्दी	असम	उड़िया	कन्नड़	कश्मीरी
छल	मुचकन्द			मुचकुन्द	
ज्योंतिष्मती	मालकांगनी				
जम्बू	जामुन				जामुन, कुलत
ताल	ताड़			ताली, तालिमारा ताले	अकि कुसमुक कुल
तिन्दुक	तेंदू, तिन्द				
तिल	तिल				
तिलक	पुष्पा, तिरनाई				अखकुल्यजाथ
दन्ती	जमालगोटा			नेपाल	
दूर्वा	दूब, दूबड़ा				
धनुवृक्ष	धन्वंग, धामिन			बुट्टले	
धव	धांकड़, बाकली			डिंडुआ	
न्यग्रोध	बड़			आला	बड़कुल
नल	नरकट, नरसल				
नालिका	गुलचेरी				
नवमालिका	मोगरा, बेला चमेली		वनमाली	हम्मुमल्लिगे दोडुकमल्लिगे	पोसमनुकंअख कुसुम
नक्तमाला	करंज, किरमाल डिठौरी				
नालिकेर	नारियल, श्रीफल			तेगिन	नारजील
निचुल	समुद्रफल				
निम्ब	नीम				
निर्गुंडी	सम्हालू, मेउड़ी			बाइलनेक्की	
नीप	कदम्ब, कदम			कडावाल कदावला	
प्लक्ष	पर्कटी, पाकर बोड़ा				पाकड़, अखकुल

संस्कृत	गुजराती	तमिल	तेलगू	पंजाबी	बंगला
छल	मुचकन्द				मुचकुन्दचोंपा
ज्योंतिष्मती	मालकांगनी				
जम्बू	जांबो, जांबू	शंबु, नावल	नेरेडु	जामलु	कालजाम
ताल	ताड़, तड़	पानाई, पनइ पालाम	ताडीचेट्टू ताती	तालगाछ	ताड़
तिन्दुक					
तिल	तल	एल्लु	गुब्बुलु		तिल
तिलक	तिलकष्टक्ष				
दन्ती	नेपालो	नास्वालाम्	आमादाम्	जपोलोटा	हाफुल जयपाल
दूर्वा	नीलाध्री, दुर्वा धोलोध्री	अरुगमविल्लू देविधास	धेरिया, खेरिचा	दूब, दुर्वा, कबर	नीलदूर्वा, दूब, दुर्वा
धनुवृक्ष	धामण	उन्नु	एट्टाठडा		
धव	धाबड़ो	बिल्लाईनाग	चिरिमनु		दाओया
न्यग्रोध	बड़	आल	पेद्दमारी	बोड़	बट
नल	नाली				नल
नालिका					
नवमालिका	कुन्द	नागमल्ली	अडविमल्ले चेट्टुमल्ले		बड़ाकुन्दा नवमल्लिका
नक्तमाला	करंज, कणझी	पुंगम्, पुंकु	कानुगुचेट्टु, पंगु	सूचचेइन	डहर, करंजा
नालिकेर	नारियल, नारेल	तेन्नाबूमरम तेनकाड़	नारिकेलम् टंकाया		नारिकेल, नारिकोल
निचुल	समुद्रफल, हिजल	समुत्रपल्लम्	कणगि		हिजल
निम्ब	नीमडो	वेंबु, वेंपु		निंब	निम
निर्गुंडी	नगद, नंगोड़	नौची	तेल्लावाविली		निशिन्दा
नीप	कदम्ब	वेलाई कदम्ब वेल्लाई कदम्बा	कदम्बामु		कदमगाछ कदम्ब
प्लक्ष	बड़, बड़लो पेपरी बोड़ा	पीपरी, जोवि	पसारी वडिजुव्वि		वटगाछ पाकुड़

संस्कृत	मराठी	मलयालम	यूनानी / उर्दू	सिंधी
छल	मुचकन्द		गुनेकुन	
ज्योतिष्मती	मालकांगोणी			
जम्बू	रायजामूल थोरजांमूल	जांमूल		संवाणु, जमूं
ताल	ताड़	पाना, पना	दरख़्तेताड़ी	
तिन्दुक				
तिल	तिल		कुंज़द	
तिलक	तिलपुष्पक			तिर
दन्ती	दांती		बंदअंजीर खताई	
दूर्वा	नीलीदूर्वा, पांडिरी		मर्ग, उश्व	छवरी
धनुवृक्ष	धामण	उन्नु	एट्टाठडा	यडिचा
धव	धाबड़ा	मरुकिन् चिरम्		
न्यग्रोध	वड	आला	दरख्तेरीश	बडु
नल	नल			
नालिका			गुलशब्बो	
नवमालिका	कुमर			
			चेट्टुमल्ले	
नक्तमाला	करंज, कीणामार	पोन्नम् उन्नेमरम्		
नालिकेर	नारल, महाद	नारिकेलम् तेन्ना	नोज़हिन्दी, बादिनं	नारेलु
निचुल	सत्फल			
निम्ब	कडूनिंब	बेषु	आजाद दरख्ते हिन्दी	निमु
निर्गुडी	निगड, निर्गुण्डी	इन्द्राणी	पंजमगुस्त	
नीप	राजकदम, कदम्ब	अट्टूटेक		कदंबु, वणजो किस्मु
प्लक्ष	बड़, पिंपरी	चेला		

संस्कृत	हिन्दी	असम	उड़िया	कन्नड़	कश्मीरी
पद्म	कमल, पंकज	पोदुम	पद्म, पदम	कमल, तावरे तावरेगड्ड	पम्पोश
परुषक	धामिल, फरसिया				
पलाश	ढाक, टेसू			मुत्थुगा, मुलुगा	अकिकुसमुककुल पलाशिकुल
पिंडार	तूम्री, भिलोर				
पिप्पल	पीपल, पीपर			अबत्थ	
पीलू	पीलू, झाक			गोतीमारा	
बकुल	मोलासिरी				करक
बदरी	बेर				
बिल्ब	बेल			बिलपत्रे	बेल
भल्ला तक	भिलषा, भिलामा भेला			भिलावा	
भांगी	भारंगी, बमनैटी				
मदयन्तिका	मेंहदी				मांज, मोंजा
मधूक	महुआ, महुवा		महुला		महुआ, महुवा
माषमणी	जंगली उडद व मषवन				
मुस्ता	मुंथा, मोथा				तुंगे गद्दे सखकुल
मौंजिक	मूंज, सरकंडा				
मोक्षक	बनपलाश, पाडर				
मौर्वी	मूर्वा, मुरहरी बाबलनाक				
राजकोशा तक	तोरई, कसेरु				
रोहित	रोहिक, रक्तरोहिड़ा				
रोही तक	रोहेड़ा, रगहरोरा				
लक्ष्मणा	बनकलमी,				
व्याघ्रपदा	बेंकल, काकरा				

संस्कृत	गुजराती	तमिल	तेलगू	पंजाबी	बंगला
पद्य	कमल	आम्बल तामरै	एरैतामरा कलूगाकमलम्	कंवल, पम्पोश	पद्य
परुषक					
पलाश	खाकरो, खाखरो	परास, पलासु	मोडुगा, मोटुगा		पलाश, गाछ
पिंडार					
पिप्पल	पीपलो	अश्वत्थम्	अव्यत्थमु		अश्वत्थ आशुद्
पीलू	खारीजाल	उधाई, भुट्टाई	बारागोगु	पीलू	झाल
बकुल	बोलसरी, ओत्कली	अलागू केसारम	केसारी पगादाभानु	मोलसरी	बकुलगाछ
बदरी					
बिल्ब	बीली		मोरेडु	बिल	बेल
भल्ला तक	भिलामो	सेनकोट्टुई	फिरिविट्टलु	भिलावा	भेला
भांगी	भारङ्गी	अंगार वल्ली	गंटुबरंगी		बामुनहाटी
मदयन्तिका	मेंदी	ऐवणम्	झोम्मी		मेंहेदी
मधूक	महुडो	इम्लुपी	इप्पाचेट्टू		महु या मडल
माषपणी	जंगली उड़द				
मुस्ता	मोथ नागरमोथ	मुथाकच कोरइ	तुंगमुस्से		मोथा
मौंजिक	तीरकांस			काना	शर
मोक्षक					
मौर्वी					
राजकोशा तक	गुन्दरी	गुडातिगागड्डी	गुंडातुंगागट्टि		केशुर
रोहित					
रोही तक	रोहिड़ो				
लक्ष्मणा					
व्याघ्रपदा					

संस्कृत	मराठी	मलयालम	यूनानी / उर्दू	सिंधी
पद्य	कमठ	थामरा, सेन्थामरा	कातिसुन्नद्दल	निमु
परुषक				
पलाश	पलाश, पलस	पलास, समथ		पलासु
पिंडार				
पिप्पल	पिपल	अश्वत्थम्	दरख्तेलर्जा	पिपुर
पीलू	पीलू, खाखड़		दरख्ते मिसवक	
बकुल	बकुल, बरसोली		मोलसरी	मौलसिरी
बदरी	बेर			
बिल्व	बेल	बिल्बम्	बेहहिन्दी शुल्ल	कठोरी
भल्ला तक	बिम्बा		बलादुर	
भांगी	मारङ्गी	कंकभरनी		
मदयन्तिका	मेंदी	मेंलांची	हिना	
मधूक	मोहडा	इलुया		
माषपणी	रानउडद			
मुस्ता	मोथ			
मौंजिक काना	तीरकांस		काना	
मोक्षक				
मौर्वी				
राजकोशा तक	गुन्दरी	गुडातिगागड्डी	गुंडातुंगागट्टि	
रोहित				
रोही तक	रोहिड़ो			
लक्ष्मणा				
व्याघ्रपदा				

संस्कृत	हिन्दी	असम	उड़िया	कन्नड़	कश्मीरी
वंजुल					
वरुणक					
वाराही					
विभीतक					
वेतस	बेंत			वेडिमु, वेतसु	
श्यामा	साँवा, शामुल			समई, समै	
शतपत्र	कमल				पंपोश
शमी	छोंकर, जण्ड			वन्निकावन्ति	
शर	सरपत, सरकण्डा			सरगोलु	नयशकर, गन
शाक	सागवान, सागोन			टेगा	
शिरीष	सिरस, सिरिस			नागेमर	
शिवा	हरह, हर्रे		कारेवी		
शिंशपा	शीशम			बिरिडि	
शोणाक	सोनापाठी			टिगडु	
सप्तपर्ण	सतौना, सतवन			एलेलेग, मडाली	
सर्ज	बडासाल, कठरुवा			दमर	
सारिवा	कालीसर, अनन्तमूल			सोगडे	
सिन्दुवार	निर्गुण्डी, सम्हाल्			बिलिकोल्लि	
सुवर्णवृक्ष	कचनार, कांचबार				
सूकरिक	एक प्रकार का चावल				
सूकरपादी	कालीसेम				
हरिद्र	हलदुआ, हल्द		हलन्द	अरसिंगेटा	
क्षुर	गोक्षुर, तालमखाना				
त्रिवृता	नाकपतर, पनिलहर		दुधोलोनो	विलितिगडे	
श्रीपर्णी	गंभीरा, कुमर				

संस्कृत	गुजराती	तमिल	तेलगू	पंजाबी	बंगला
वंजुल					
वरुणक	वरणे	मारलिंगम्	उरुमत्ति		वरुण
वाराही	डुक्करकन्द				
विभीतक					
वेतस	नेतर	वेत्तम	पीतारुवा,	बैंत	बेच, वेत
श्यामा	सामो, सामोघास	कुद्रेवली, पिल्लू	बोटाचमालू ओडुलु	सावंक, सांवक	शामुल, सौंवा
शतपत्र					
शमी	खींजड़ी, समड़ी	कालिसम्, वाणि	शमीचेट्ट, जम्मि	जंड, जंडी	शाई, शमी
शर	तीरकांस	मुञ्जि	मुंजगछि, बेल्लुपोनिक	सरकण्डा, काना	सर, शर
शाक	सागवान	टेक्कू	टेकू		सेगुन
शिरीष	काकीयो, सरसडो	वाकै,	दिरसन	शरी	शिरीषगाछ
शिवा	हरडे	कदुक्काई	करक्काई		हरीतिकी
शिंशपा	सीसम	सिसु, इट्टि	शिपुपा	शरई	शिशू
शोणाक	टेंटू	आद्दी	डुण्डिलम्		शोणा
सप्तपर्ण	सात्विन, सातवण	पाला, एलिलैफाले	एड़ाकुल, पाला	सतौना	छातिमगाछ
सर्ज	धूप	वेल्लिकुनुरिकम्	तेल्लदामरमु		कुन्दरो, चन्द्रस
सारिवा	उपलसरी, कपूरीमधुरी	नान्नारि	मुत्तवपुलगमु		
सिन्दुवार	नगोड़, नगद	नोच्चि	वाविली,	बन्न, भखन	निशिन्दा
सुवर्णवृक्ष	चंपाकाटी	मंदारे	देवकांचनमु	कवनाल, कुलाड़	कांचन
सूकरिक					
सूकरपादी					
हरिद्र	हलदरबो	मंजकदम्ब	प्रसुपु कदम्ब		केलिकदम्ब, धूलिकदम्ब
क्षुर	एखरो	निर्मूल्लि	नीरुगुब्बी		कुलिमखाड़ा
त्रिवृता		शिवदै, चिवतै	तेगड़		तेउड़ी
श्रीपर्णी	शीवण, सवन	गुमादि	अगोंमरु	गंभारी	गामार

संस्कृत	मराठी	मलयालम	यूनानी / उर्दू	सिंधी
वंजुल				
वरुणक	हाडवर्णा			
वाराही	कुकुरकन्द			
विभीतक				
वेतस	मोठावेत, थोरवेत		बेंत, खलाकें, हरजां	बेदु
श्यामा	सामुल			
शतपत्र				
शमी	शमी सर्वदडशबरी			
शर	शर			
शाक	सागवान	रेक्का		
शिरीष	शिरस, चिचोला		सुल्तानुलअश्जार	
शिवा	हरडे		हलील, हलीलज	
शिंशपा	शिशव	इरुविल		
शोणाक	टेंटू	पलग पैमनि		
सप्तपर्ण	सात्विडा	पाला		
सर्ज		पयन, पइन	संद्रस	
सारिवा	उपरसाले	नरुनिन्ति		
सिन्दुवार	निर्गुण्डी, निगड़		पंजबगुस्त	
सुवर्णवृक्ष	कोरल, कांचन			
सूकरिक				
सूकरपादी				
हरिद्र	हेद, हलदरवा	मंजक, कदम्ब		
क्षुर	तालिमखाना			
त्रिवृता	निशोत्तर	चिबक		
श्रीपर्णी	शिवण			

पं. ईशनारायण जोशी

सादगी, मृदुभाषा और शालीनता की प्रतिमूर्ति पं. ईशनारायण जोशी भोपाल के उन विरले विद्वानों की अग्रपंक्ति में शामिल हैं जिनकी ज्ञान–गरिमा पर कोई विवाद नहीं है।

भोपाल रियासत के प्रतिष्ठित धर्म–शास्त्री के पद पर रह चुके श्री जोशी ने समय–समय पर प्रबंधक हिन्दू धर्मस्व, सदावर्त, एडमिनिस्ट्रेटिव ऑफिसर डिस्पोजल्स, कोषालय–अधिकारी का कार्य–दायित्व भी निभाया है।

भोपाल–सीहोर–वाराणसी–जयपुर में शिक्षित–दीक्षित और साहित्य, ज्योतिष, इतिहास, पुराण आदि के अधिकारी विद्वान जोशी जी की विविध विषयों पर महत्त्वपूर्ण पुस्तके हैं। जिनमें *मुखाकृति रहस्य* (सामुद्रिक—1935), *धर्म शिक्षा* (तीन भागों में , 1941–45), *साकोरी का संत* (1942), *भोजपुर* (1945), कन्नड़ से अनूदित *भगवत गीतोपन्यास* (भाग–1, 2), *मालवा की लोकचित्र कला, जुड़े हैं ज़मीन से* (गद्य–गीत)। अप्रकाशित पुस्तकों में उपन्यास–*अमृतपुत्र, वनस्पति नामावली–महाकवि कालिदास के वृक्ष* और *जीवन–योगी आनन्ददेव; कोष और संदर्भ : त्रैमासिक वनस्पति कोश* (संस्कृत–हिन्दी–लेटिन), *लेटिन–संस्कृत वनस्पति कोश,* मानस संदर्भ और सामुद्रिक विधा संबंधी *आपका चेहरा और हाथ* महत्त्वपूर्ण हैं।

1913 में जन्मे जोशी जी का परिवार कोई सौ–सवा सौ पहले सिरोज से भोपाल आया था। आपके पितामह को पहले पहल भोपाल राज्य का धर्मशास्त्री पद मिला था। इसके बाद पं. प्रेमनारायण जोशी को उत्तराधिकार मिला। पं. ईशनारायण जोशी इस पर आसीन रहने वाले एक ही परिवार के तीसरे और अंततिम पुरुष रहे।

आपको विविध वर्णी श्रेष्ठ सेवाओं के उपलक्ष्य में *राष्ट्रपति रजत पुरस्कार, साहित्य–सेवा सम्मान, श्रेष्ठ लेखन पुरस्कार,* राज्यपाल द्वारा *साहित्यश्री सम्मान, शांतिवन सम्मान, भारतीय ज्योतिष अनुसंधान सम्मान, रत्न भारती सम्मान, ज्योतिषश्री सम्मान* सहित अनेक पुरस्कार–सम्मान मिल चुके हैं। आकाशवाणी से प्रसारित लगभग 100 कर्त्ताओं के अतिरिक्त आपके 300 से अधिक आलेख संस्कृत, हिन्दी, उर्दू की विभिन्न पत्रिकाओं में प्रकाशित हुए जिनमें कई शोध लेख हैं।

पं. जोशी जहाँ उर्दू पंचांग–*मोहरताज जंत्री* के संपादन से जुड़े रहे, वहीं उन्होंने *धर्मयुद्ध, स्वामी विवेकानंद संदेश, ज्ञान प्रदीप, जय जवान जय किसान, मानस समाचार, मानस भारती* और *तुलसी मानस भारती* का भी सम्पादन किया।

निधन : 19 जुलाई, 2007